## RICEVI ORA IL TUO BONUS:

Scrivici a **sbrt.notebooks@gmail.com** e ricevi altri sudoku
(incluso Jigsaw Sudoku, X-Sudoku e molto altro).

La tua opinione è importante:

## Supportaci e lascia una recensione!

# Altri Divertenti Sudoku

## by *SBRT* Notebooks

- Sudoku -Livello Facile- **by SBRT**

- Sudoku -Livello Medio- **by SBRT**

- Sudoku -Livello Difficile- **by SBRT**

- Sudoku -Livello Estremo- **by SBRT**

- Samurai Sudoku **by SBRT**

E molto altro ancora!!

# Regole del Sudoku

Ogni Sudoku Classico consiste in una griglia 9x9.

Inserisci i numeri da 1 a 9 in riga, Colonna e quadrato 3x3.

Solo una semplice regola:

Ogni numero non può essere ripetuto nella stessa riga, colonna o quadrato 3x3.

# Buon Divertimento!

## #1

| | | | | | 6 | | | |
|---|---|---|---|---|---|---|---|---|
| | 2 | | | 5 | | 1 | | |
| 7 | | 5 | | 8 | | | 4 | |
| | | 4 | 2 | 1 | 3 | | | 9 |
| | | 1 | 6 | | | | | 8 |
| | | | | | | | | 4 |
| 1 | | | 7 | 2 | | 4 | | |
| 3 | | 8 | 5 | | | 9 | 2 | |
| | | | | | | | | |

## #2

| | | 2 | 7 | | | 3 | 6 | |
|---|---|---|---|---|---|---|---|---|
| 6 | 8 | | 2 | 1 | | | | |
| | | 7 | | | 3 | | | 2 |
| 3 | | | | | 9 | | 7 | |
| | 7 | 8 | | | | | | 9 |
| | | | | 7 | | | 2 | |
| 9 | | | | | | 6 | 5 | 1 |
| | | | | | | | | |
| | | | 6 | 4 | 1 | | | |

## #3

| 1 | 5 | 8 | | | 7 | | | |
|---|---|---|---|---|---|---|---|---|
| | 4 | | 1 | | | | | |
| | | | | | | | | 8 |
| | | | | 3 | | | 2 | |
| | 2 | | | 9 | | 6 | | |
| | 6 | | | | 4 | 8 | 7 | 5 |
| 3 | | | | | | | | |
| | | | | | 2 | 5 | 3 | |
| 6 | | | | 8 | | | 9 | 2 |

## #4

| 2 | | | 6 | | 3 | 7 | 4 | |
|---|---|---|---|---|---|---|---|---|
| | | | | | | | | |
| | | 1 | 2 | 4 | | | | |
| | 5 | | 1 | | 7 | 8 | | |
| | | | | 9 | 5 | | | |
| | 3 | | | | | | | 5 |
| 9 | 1 | 8 | 3 | | 6 | | | 4 |
| | | | | | | | | 9 |
| | 6 | | | 7 | | | 3 | |

## #5

| 2 | 1 | 7 | 4 | | | 8 | | |
|---|---|---|---|---|---|---|---|---|
| | | | | 1 | 5 | | | 2 |
| | | | | | | | | 3 |
| | | | | | | | | |
| | | 3 | | 4 | 7 | | | |
| | | 8 | 3 | 2 | | 6 | | |
| | | | | | | | 6 | |
| | 9 | 4 | | | | 2 | | |
| 3 | 5 | 1 | 2 | | | 7 | | 8 |

## #6

| | | 9 | | | 1 | 4 | 8 | |
|---|---|---|---|---|---|---|---|---|
| 4 | | | | | 8 | | 1 | 5 |
| | 1 | | | | | 7 | 6 | |
| 6 | 8 | | | | | | | |
| 7 | 9 | 1 | 2 | | | | | |
| | 4 | | 8 | | 6 | | | |
| | | | | | 9 | | | 3 |
| 3 | | | | 1 | | 8 | | 6 |

## #7

| 5 |   |   | 6 | 2 |   |   | 9 | 8 |
|---|---|---|---|---|---|---|---|---|
|   | 9 |   |   |   |   |   |   | 4 |
|   |   |   | 8 | 9 | 7 | 6 |   |   |
|   |   |   |   |   | 5 | 7 |   | 2 |
|   |   | 5 |   | 1 |   | 3 | 8 |   |
|   |   |   | 2 |   |   | 4 | 6 |   |
|   | 1 | 6 |   |   |   |   |   |   |
|   |   |   |   |   |   |   | 2 |   |
| 8 | 2 |   |   |   |   |   |   | 1 |

## #10

|   |   |   |   | 7 |   | 6 |   | 2 |
|---|---|---|---|---|---|---|---|---|
|   | 9 |   |   |   |   |   |   |   |
| 8 |   |   |   | 6 |   |   | 3 | 1 |
|   |   |   |   |   |   |   |   | 7 |
|   |   | 1 | 4 | 9 |   | 3 |   |   |
| 9 | 3 | 7 | 1 |   |   |   |   |   |
|   |   |   |   | 4 |   | 7 |   |   |
|   | 8 | 4 |   | 5 |   |   |   |   |
| 5 |   |   |   |   |   |   |   | 3 |

## #8

|   | 5 |   |   |   |   | 8 |   |   |
|---|---|---|---|---|---|---|---|---|
|   |   |   | 3 |   |   | 9 | 1 | 5 |
| 7 |   |   |   |   |   |   |   |   |
|   | 8 |   |   |   |   |   |   |   |
|   | 3 | 6 | 2 |   |   |   |   |   |
|   |   | 7 | 6 |   |   | 3 | 5 | 8 |
| 3 | 9 |   |   |   |   |   | 8 | 7 |
|   |   | 5 |   | 9 |   |   |   |   |
|   |   | 4 |   |   | 8 |   |   | 1 |

## #11

|   |   |   |   | 3 |   |   |   |   |
|---|---|---|---|---|---|---|---|---|
|   |   | 7 | 4 |   |   |   | 1 | 5 |
| 2 | 4 | 1 |   |   | 8 | 9 |   |   |
| 7 | 6 | 8 | 1 |   | 5 |   |   |   |
|   | 3 |   |   | 2 |   |   | 7 |   |
|   |   | 3 |   |   |   |   |   | 1 |
| 6 | 8 |   |   |   |   |   |   |   |
|   |   |   |   |   |   |   | 5 |   |
|   |   |   | 5 |   |   |   |   | 3 |

## #9

|   |   | 6 | 4 | 8 |   |   |   |   |
|---|---|---|---|---|---|---|---|---|
| 9 |   |   |   |   |   |   |   | 3 |
| 8 | 4 | 1 |   |   |   |   |   |   |
|   |   | 4 | 5 |   | 2 | 7 |   |   |
|   |   |   | 6 | 4 | 9 | 8 |   | 5 |
|   |   |   | 7 |   |   |   |   |   |
| 5 |   | 8 |   | 6 |   |   | 4 |   |
|   | 3 |   | 9 |   | 4 |   |   |   |
|   |   |   |   |   |   |   |   | 9 |

## #12

|   |   |   | 8 | 1 |   |   |   |   |
|---|---|---|---|---|---|---|---|---|
|   |   |   |   | 6 | 5 |   |   | 9 |
|   |   |   | 3 |   |   |   |   |   |
| 8 |   |   |   | 3 |   |   |   |   |
|   |   | 6 | 5 |   |   | 1 |   |   |
|   | 3 | 1 |   | 9 | 8 | 6 |   |   |
|   |   | 4 |   | 7 |   |   |   | 6 |
|   |   | 1 |   |   |   |   | 7 | 4 |
|   | 8 | 9 |   | 5 |   |   | 3 |   |

## #13

| | 4 | | | | | | 7 | |
|---|---|---|---|---|---|---|---|---|
| | | | 4 | | | | 6 | 8 |
| | | | | 7 | | | | 3 |
| | 9 | 7 | 5 | | | | | |
| | | 6 | | | | 3 | | |
| | | 2 | | 8 | | | 9 | 7 |
| | | 5 | | | | | | |
| | | | | | | 6 | 5 | 3 |
| | | | 9 | 8 | | 1 | 2 | 4 |

## #16

| 8 | | | | | 2 | 3 | 5 | |
|---|---|---|---|---|---|---|---|---|
| | 7 | | | | | | | 6 |
| | | | 6 | 3 | | 7 | | |
| | | | | | | | | |
| 7 | | | 5 | 4 | 2 | | | 8 |
| | 4 | 8 | 3 | | | | | |
| | 3 | 2 | 6 | 9 | 5 | | | |
| | | | | | | | | |
| | | 4 | 8 | 2 | | | | 5 |

## #14

| 7 | | | 4 | | 2 | | | |
|---|---|---|---|---|---|---|---|---|
| | | | | | 4 | | | |
| | 5 | 4 | 7 | 8 | 3 | | | |
| 9 | | | 8 | 5 | | | | |
| | | | | | 6 | 7 | 3 | |
| | 2 | | | | | | | 8 |
| | | | | 1 | | | 5 | |
| | | 7 | | | | 1 | | |
| | 8 | | | | | | 9 | 3 |

## #17

| | | | 9 | | | 2 | | |
|---|---|---|---|---|---|---|---|---|
| | | | 4 | 1 | | 3 | | |
| 2 | 7 | 4 | 5 | | | | | |
| 8 | | | | | | | | 9 |
| 4 | 9 | 7 | 3 | | | 2 | | |
| | 6 | | | 5 | | | 4 | |
| 9 | | | | 7 | | | | |
| | | 8 | | | | 9 | | 7 |
| | | 5 | 1 | | | | | |

## #15

| 3 | | | 1 | | | | | |
|---|---|---|---|---|---|---|---|---|
| | | | | | | 6 | | |
| | 4 | | | | | | 9 | 7 |
| | 8 | 2 | 5 | 3 | | | 7 | |
| | 3 | 5 | 7 | | | | | |
| | | | | | | | | 6 |
| | 5 | 4 | | | 1 | | | 8 |
| | | | | | 3 | 2 | | 1 |
| 8 | | | | 5 | | | | |

## #18

| | | | 5 | | | | 9 | |
|---|---|---|---|---|---|---|---|---|
| | | 3 | | | | | | 8 |
| | | 7 | 8 | 9 | | 6 | | 3 |
| 6 | 4 | | | 7 | | | 5 | |
| | | | | | | | | 7 |
| | 3 | | 2 | | 5 | | | |
| | | | | | | 2 | | |
| | 5 | | | | | | 8 | 1 |
| 1 | 8 | 6 | 3 | | | | 4 | 5 |

## #19

| | | | | | | | | 1 |
|---|---|---|---|---|---|---|---|---|
| | | 9 | | | 8 | | | |
| 6 | | 8 | | 1 | | | 7 | 4 |
| | | | | | | 7 | 2 | |
| | | 3 | | | | | 6 | |
| 1 | 9 | 5 | | 2 | | | | |
| 2 | 4 | | | | 5 | | | |
| 5 | 8 | | | | | | | 3 |
| 7 | | 6 | 8 | | | | | |

## #22

| | 8 | | | | | | 7 | |
|---|---|---|---|---|---|---|---|---|
| | | 6 | | 7 | 5 | | | 4 |
| 9 | 7 | 4 | | | | | | |
| | | | 2 | | 7 | | | |
| 8 | 6 | | | 4 | | | 1 | 3 |
| 3 | | | | | | | | |
| | 3 | | 7 | | 5 | | 6 | |
| | | | | 2 | 3 | | | |
| | | | 1 | 6 | | | | 8 |

## #20

| | 8 | | 6 | | | | | |
|---|---|---|---|---|---|---|---|---|
| | | | | | | 9 | 2 | |
| | | 7 | | | | | | 5 |
| | | | | 6 | | | | 7 |
| 9 | 2 | 6 | 8 | | | | | |
| 7 | 3 | | 2 | 4 | | 6 | | |
| | | 9 | | | | | | |
| | | | 9 | 8 | 2 | | 5 | |
| | | 4 | | | 5 | 7 | 9 | 8 |

## #23

| | | | 7 | 5 | 9 | | 6 | 8 |
|---|---|---|---|---|---|---|---|---|
| 2 | | | 1 | | | 3 | | 5 |
| | | | | 6 | | | | |
| 3 | 2 | 7 | | | | 4 | 8 | |
| 6 | 8 | | | | | | | |
| | | | | | | | | 7 |
| | | | 8 | 4 | 6 | | | |
| | | | | | | | | 9 |
| | 1 | 5 | | | 7 | | | |

## #21

| 9 | | | | | | | 1 | |
|---|---|---|---|---|---|---|---|---|
| | | | | 3 | 9 | | | |
| 4 | 3 | | 1 | 6 | | | | |
| | | 8 | | | | 4 | | 2 |
| 2 | | | 5 | 9 | | 1 | | |
| 7 | | | | 6 | | | 8 | 9 |
| 3 | | | | 1 | | 2 | | |
| | | | | | | 8 | 7 | |
| | 4 | | | | | | | 5 |

## #24

| 9 | | | | | | 4 | | |
|---|---|---|---|---|---|---|---|---|
| | 7 | | | | | | | |
| 2 | | | 5 | | | | | |
| | 6 | | | | | 9 | | |
| 7 | 9 | 5 | | | | | | 3 |
| | | | 3 | | | | | |
| | 8 | | | 5 | | | 2 | 1 |
| | | 2 | 1 | 4 | 3 | | | 8 |
| | | 1 | 6 | | 9 | 5 | | |

# #25

| | | | | | | | | |
|---|---|---|---|---|---|---|---|---|
| | | | | | | | | |
| | | | | | 9 | | 8 | 6 |
| 2 | 5 | 8 | 3 | 4 | | 9 | | |
| 4 | 9 | | 6 | | | | | 1 |
| | | | | | 3 | | | |
| | | | | 5 | | | | 2 |
| 8 | | 7 | | | | 1 | 4 | |
| 6 | 4 | 3 | 2 | | | | | |
| | | | | | | 7 | | |

# #28

| | | | | | | | | |
|---|---|---|---|---|---|---|---|---|
| | 4 | | 1 | | | 2 | | 3 |
| | | 5 | 3 | | 6 | 8 | | |
| | 6 | | | | | | 7 | |
| 6 | 2 | | | 9 | | | | |
| 9 | | 3 | 6 | | | | | 7 |
| | | | 7 | 5 | | | | |
| | | | | | | | | 6 |
| 4 | | | 9 | | | | | |
| | | | | | | 4 | 2 | |

# #26

| | | | | | | | | |
|---|---|---|---|---|---|---|---|---|
| 1 | | | 5 | 8 | 2 | | 9 | |
| 7 | 8 | | | | | | | 1 |
| | | 2 | | 6 | | | 4 | |
| | 4 | | | | 3 | | | |
| | | | | | | | | 6 |
| | | | 8 | | | | 7 | 9 |
| | | 3 | | | | | | |
| | 2 | | | | 6 | 7 | 3 | |
| | 6 | | | | | | | 8 |

# #29

| | | | | | | | | |
|---|---|---|---|---|---|---|---|---|
| 1 | | | 8 | 4 | | | | 7 |
| 5 | | | | 7 | 8 | 1 | 9 | |
| 7 | | | | | | | | |
| | 7 | 2 | | | 1 | | | 3 |
| | | | 6 | 3 | | | | 4 |
| 9 | | | | 4 | | 1 | | |
| | | | | 7 | 8 | | | |
| | | 1 | | | | | | |
| | | | 4 | | | | 2 | 6 |

# #27

| | | | | | | | | |
|---|---|---|---|---|---|---|---|---|
| 1 | | | | | 9 | 7 | | |
| | 3 | 2 | 5 | | | | 9 | |
| | | | | 8 | 2 | | 1 | |
| | | 3 | | | | 4 | | |
| | | | | | | | | |
| | | 9 | 4 | | 5 | | 3 | 1 |
| | 4 | 1 | | | | | | 6 |
| | | | 8 | 6 | | | | |
| 5 | 9 | | 7 | | | | | 3 |

# #30

| | | | | | | | | |
|---|---|---|---|---|---|---|---|---|
| | | | | 7 | | | 9 | 1 |
| | | | 8 | | | | | 3 |
| 4 | | | | | | 8 | | |
| | 1 | | 9 | | 7 | | | |
| | 5 | | | 6 | | | | |
| 8 | | 9 | | 4 | | | 5 | 2 |
| 5 | | 1 | 3 | | | 9 | 2 | |
| | 2 | 8 | | | | | | |
| | | | | | | | 1 | 8 |

## #31

| 2 | 5 |   |   |   |   |   |   | 6 |
|---|---|---|---|---|---|---|---|---|
| 9 |   |   |   | 1 |   | 2 |   | 5 |
| 8 |   |   | 2 | 9 |   |   |   |   |
|   |   | 9 | 8 | 7 | 1 |   |   |   |
|   |   |   |   |   |   |   |   |   |
| 4 |   |   |   |   |   |   |   |   |
|   |   |   | 7 |   |   |   |   |   |
| 5 |   | 6 | 1 | 9 | 2 |   | 7 |   |
|   | 3 |   |   |   | 8 |   | 6 | 1 |

## #34

| 3 |   | 5 | 1 |   | 6 |   | 7 | 4 |
|---|---|---|---|---|---|---|---|---|
| 6 |   |   | 5 |   | 4 |   |   |   |
|   |   |   |   |   |   |   |   | 1 |
| 7 |   |   |   |   |   |   |   | 2 |
|   | 2 |   | 8 |   |   |   |   |   |
|   | 5 |   | 9 |   |   |   |   |   |
|   | 3 |   |   | 4 |   |   |   |   |
|   | 2 | 6 |   |   | 5 |   |   | 3 |
|   |   |   |   | 7 |   |   | 1 |   |

## #32

|   |   | 8 | 4 |   | 9 | 6 |   |   |
|---|---|---|---|---|---|---|---|---|
|   |   |   |   |   |   |   | 7 |   |
| 7 |   | 3 |   |   | 6 | 8 |   | 9 |
| 5 |   |   | 6 |   |   |   |   |   |
|   | 7 |   | 1 |   |   |   |   | 6 |
|   | 1 | 4 |   | 8 |   |   |   |   |
|   | 3 | 6 | 8 |   | 7 | 9 |   | 4 |
|   |   |   |   |   |   |   |   |   |
|   |   |   | 9 |   | 3 |   |   |   |

## #35

|   | 6 |   | 3 | 9 |   | 1 | 2 |   |
|---|---|---|---|---|---|---|---|---|
|   |   |   |   |   |   | 4 | 7 |   |
| 4 | 2 | 1 |   |   |   |   |   |   |
| 9 |   |   |   |   |   |   |   |   |
|   |   | 8 | 7 | 4 | 6 |   |   | 5 |
|   |   |   |   |   | 3 |   |   | 2 |
|   |   |   | 8 | 7 | 5 | 6 |   |   |
|   |   |   |   |   |   |   | 3 |   |
| 7 | 9 | 6 |   |   |   |   |   |   |

## #33

|   | 9 |   |   |   |   |   | 8 | 1 |
|---|---|---|---|---|---|---|---|---|
|   |   | 3 |   | 7 |   | 2 |   |   |
| 8 | 2 |   | 6 |   | 1 |   |   | 4 |
| 6 |   | 4 |   |   |   |   |   |   |
|   |   |   |   |   |   |   |   |   |
|   | 1 |   |   | 4 |   | 3 | 5 |   |
|   |   |   |   |   |   |   |   |   |
|   |   | 7 | 9 |   |   | 1 |   |   |
|   | 3 |   | 5 |   |   | 4 |   | 6 |

## #36

|   | 6 |   |   |   |   | 9 |   |   |
|---|---|---|---|---|---|---|---|---|
|   | 1 |   | 2 | 4 |   |   | 3 | 8 |
|   |   |   |   | 5 | 8 |   |   |   |
|   |   |   | 8 | 6 | 7 | 5 | 2 |   |
|   | 3 |   |   |   |   |   |   | 4 |
|   |   |   |   |   |   |   |   | 7 |
| 4 |   |   |   |   |   |   |   |   |
|   |   | 3 |   | 8 | 4 |   |   | 2 |
|   | 7 | 6 | 5 |   |   |   |   |   |

# #37

| 1 |   |   |   |   |   |   |   |   |
|---|---|---|---|---|---|---|---|---|
|   |   | 8 |   |   | 3 |   |   |   |
|   | 9 |   |   | 3 |   | 1 |   |   |
|   | 7 | 9 |   | 8 |   |   |   |   |
|   |   |   |   |   | 6 |   |   |   |
| 5 |   | 4 | 9 | 7 |   |   |   | 3 |
| 9 |   |   | 4 | 1 |   | 5 |   |   |
| 4 |   |   |   | 6 |   |   | 9 | 7 |
|   |   |   | 8 |   |   |   | 6 | 4 |

# #40

|   |   |   | 1 |   | 3 |   |   |   |
|---|---|---|---|---|---|---|---|---|
|   | 4 |   | 5 | 6 | 9 |   |   |   |
|   |   |   |   | 7 |   | 2 |   |   |
|   |   | 8 |   |   |   |   |   |   |
|   | 6 | 9 | 7 |   |   |   |   | 2 |
| 7 |   |   | 6 | 5 |   |   |   | 9 |
| 5 | 3 | 2 |   |   |   | 8 |   |   |
|   | 7 | 4 |   |   |   |   |   | 1 |
|   | 9 | 6 |   |   |   |   |   |   |

# #38

|   |   | 7 |   |   | 3 | 2 |   | 5 |
|---|---|---|---|---|---|---|---|---|
|   | 1 |   | 5 | 7 | 4 |   |   |   |
|   |   |   |   | 2 |   |   |   | 7 |
|   | 9 |   | 3 |   |   | 8 |   |   |
|   |   | 2 |   | 5 |   |   |   | 6 |
| 5 |   |   |   |   |   | 3 |   |   |
|   | 8 |   |   |   |   |   |   |   |
| 4 |   | 1 | 8 |   |   |   |   |   |
| 6 |   |   |   |   | 5 |   |   | 9 |

# #41

|   |   |   |   | 1 | 6 |   |   |   |
|---|---|---|---|---|---|---|---|---|
|   | 7 |   |   | 5 |   |   |   |   |
|   |   | 8 | 4 |   |   |   |   |   |
|   | 5 |   |   |   |   |   | 8 |   |
| 9 |   | 8 | 1 | 2 |   | 5 |   |   |
|   | 1 |   | 9 |   |   |   | 2 |   |
| 7 | 9 |   |   |   |   |   |   |   |
|   |   |   |   | 3 | 4 |   | 5 | 2 |
|   |   | 4 | 6 |   |   |   | 7 | 3 |

# #39

| 2 | 5 |   |   |   | 4 |   |   |   |
|---|---|---|---|---|---|---|---|---|
|   |   |   |   | 9 | 6 |   |   |   |
|   |   |   | 1 |   |   | 5 |   |   |
|   |   | 4 |   | 8 |   | 9 |   |   |
|   | 8 | 2 | 3 |   |   |   |   |   |
|   |   | 7 |   |   | 5 | 8 |   |   |
|   |   | 6 |   |   |   |   |   | 1 |
| 3 |   |   |   | 9 | 6 |   | 7 |   |
|   |   |   |   | 1 | 2 |   |   | 4 |

# #42

|   | 4 | 9 | 2 | 3 | 5 | 1 |   |   |
|---|---|---|---|---|---|---|---|---|
| 3 | 7 |   | 4 | 1 |   |   |   |   |
| 5 |   |   | 9 |   |   |   |   |   |
| 4 |   |   |   |   |   | 7 |   |   |
|   | 8 |   | 1 |   |   |   |   |   |
|   |   |   |   |   |   |   |   | 9 |
|   | 2 |   | 9 |   |   |   | 3 | 5 |
|   |   |   |   |   |   | 7 | 2 | 1 |
| 1 |   |   |   | 7 |   |   |   |   |

## #43

| | | | 8 | 4 | | | | |
|---|---|---|---|---|---|---|---|---|
| | 4 | 8 | 2 | 5 | 7 | 9 | | |
| | | | | | | | | 4 |
| | | 6 | | | | 7 | 9 | |
| | 2 | | | 3 | 9 | | | |
| | 9 | | 1 | 7 | 6 | | | |
| | | 9 | | | | | 5 | 2 |
| 6 | | 5 | | | | 8 | | 7 |
| | 7 | | | | | | | |

## #46

| | | | | | | | | 6 |
|---|---|---|---|---|---|---|---|---|
| 6 | | 5 | | | | | | 4 |
| | | | | | 7 | 1 | | |
| | 8 | | 4 | 7 | | | | |
| 5 | | | | | | | 2 | 7 |
| | 1 | | 9 | | 8 | 5 | | |
| | 2 | 1 | | 3 | | 7 | | 8 |
| 8 | | | | | 2 | 9 | | |
| | | | | | | | 5 | |

## #44

| 1 | | | 8 | 2 | | 5 | | 6 |
|---|---|---|---|---|---|---|---|---|
| | | 6 | | | | | | 1 |
| 4 | | 9 | | | | | | 2 |
| | | | 2 | 1 | | 3 | | |
| | | | 9 | 3 | 5 | | | |
| | 7 | | | | | 2 | | |
| 2 | | | | | 9 | 6 | | |
| 9 | | | | 6 | | | | 3 |
| | | | 3 | | 2 | | | 4 |

## #47

| | | | | | | 5 | | 1 |
|---|---|---|---|---|---|---|---|---|
| 2 | 4 | | 1 | | 5 | | | |
| | | | 8 | | | 3 | | |
| | | 1 | 4 | | | | | 9 |
| | 5 | 6 | | 9 | | | | |
| | 2 | | | | | | 4 | |
| | | | | | | 2 | | 6 |
| 7 | 6 | | | | | | 9 | |
| | | 9 | 5 | | | | | |

## #45

| | 8 | | | 2 | | | | |
|---|---|---|---|---|---|---|---|---|
| | | | | | 1 | | 4 | |
| | | | 3 | 5 | 8 | 7 | 6 | |
| 6 | | | | 3 | | | 8 | 5 |
| | | 2 | | | | | | |
| | | | 9 | | | | 1 | |
| | 9 | 5 | | 8 | 6 | 4 | | |
| | 4 | | | 9 | | 8 | | |
| | | 8 | | | | | | |

## #48

| 8 | | | | | | | | |
|---|---|---|---|---|---|---|---|---|
| | | | | 8 | | | 1 | 2 |
| | | 7 | | | 4 | | | |
| 3 | | 6 | | | | | | |
| | | | | | | | | 7 |
| | | 1 | 9 | 2 | | 5 | 6 | |
| 4 | | 3 | | 5 | | 7 | | |
| 1 | 5 | 2 | | | 7 | 6 | 8 | |
| | | | | | 8 | | | |

## #49

| 5 |   |   |   | 9 | 7 | 2 |   |   |
|---|---|---|---|---|---|---|---|---|
| 8 |   |   | 5 |   | 4 |   |   |   |
|   |   | 7 | 1 |   | 8 | 6 |   |   |
|   |   |   |   | 7 |   |   |   |   |
|   | 4 |   |   |   |   |   | 8 |   |
| 3 |   |   |   |   | 5 | 1 |   |   |
| 1 | 9 |   |   |   | 2 | 8 |   |   |
|   |   |   |   |   |   |   | 9 | 1 |
|   |   | 4 |   |   |   | 5 |   | 6 |

## #52

|   |   |   |   |   | 1 | 6 |   |   |
|---|---|---|---|---|---|---|---|---|
|   | 9 |   |   | 3 |   | 8 |   |   |
| 4 |   |   |   |   |   |   |   |   |
|   |   | 7 |   |   | 9 |   |   | 2 |
|   |   |   | 4 | 8 | 7 |   |   |   |
|   |   |   |   | 2 |   |   | 5 | 8 |
| 6 | 1 |   | 9 |   |   |   |   |   |
| 3 |   |   | 5 |   |   |   | 2 |   |
|   | 8 | 4 | 6 |   | 2 |   |   | 9 |

## #50

| 4 | 8 | 3 |   |   |   | 5 |   |   |
|---|---|---|---|---|---|---|---|---|
|   | 1 |   |   |   |   | 7 |   |   |
| 9 |   |   | 2 |   |   |   |   |   |
|   |   |   |   |   |   |   |   |   |
|   |   |   |   |   |   | 8 | 3 | 4 |
| 5 |   |   |   | 8 | 7 | 2 | 1 |   |
| 8 | 2 | 7 | 3 | 4 |   |   |   |   |
|   |   | 1 |   |   |   |   | 5 |   |
|   |   |   | 6 |   |   |   |   | 2 |

## #53

| 1 |   |   | 3 | 6 |   |   |   | 9 |
|---|---|---|---|---|---|---|---|---|
| 6 |   | 2 |   |   |   |   |   |   |
|   |   |   | 9 |   | 7 |   |   |   |
| 7 |   |   | 8 |   |   | 4 |   |   |
|   |   |   |   |   |   |   |   | 3 |
|   |   |   | 7 | 2 |   | 8 |   | 1 |
|   |   | 4 |   | 7 | 8 |   |   | 2 |
|   | 6 | 1 | 4 | 5 |   |   |   |   |
|   |   |   |   |   |   |   |   |   |

## #51

| 9 |   |   | 1 |   |   |   |   | 2 |
|---|---|---|---|---|---|---|---|---|
|   | 3 |   |   |   |   | 6 |   |   |
|   |   |   |   | 4 | 3 |   |   |   |
|   |   |   | 5 |   |   |   |   | 4 |
|   |   |   |   |   |   | 3 | 9 |   |
|   |   |   |   |   | 4 | 7 | 6 |   |
| 7 | 9 | 4 | 2 | 6 |   | 5 |   |   |
|   |   |   |   | 9 |   |   | 8 | 6 |
| 3 | 6 |   |   |   |   |   |   |   |

## #54

|   |   | 6 | 5 |   | 8 | 2 |   | 4 |
|---|---|---|---|---|---|---|---|---|
|   |   |   |   |   |   |   |   |   |
|   |   | 5 | 9 |   |   | 7 | 6 |   |
|   |   |   |   |   |   | 1 | 4 | 6 |
|   | 2 | 9 | 3 |   |   |   |   |   |
|   |   |   |   |   |   |   |   |   |
|   |   | 7 |   |   |   | 9 |   | 2 |
|   |   |   | 7 | 3 |   |   | 5 |   |
|   | 4 |   |   | 1 |   |   |   | 3 |

## #55

| | | | | | | | | 5 |
|---|---|---|---|---|---|---|---|---|
| | | | 3 | 6 | | | | 4 |
| 9 | | 8 | | | | 1 | | |
| | 8 | | | | 7 | | | |
| | 3 | 7 | 4 | 1 | | | 8 | |
| 4 | 5 | | 8 | | | | | |
| | | | | | 5 | | | |
| | | 4 | | 9 | | 7 | | |
| | | | | 7 | 1 | 9 | | |

## #58

| | 4 | | | 9 | | | | |
|---|---|---|---|---|---|---|---|---|
| | | | | 5 | 4 | | | |
| | 7 | | | 3 | 1 | 9 | 6 | |
| 8 | | 2 | | 1 | | | 6 | 9 |
| 9 | | | | 6 | | | | 5 |
| 7 | 5 | | | | | | | |
| | | | | 9 | | 7 | | |
| 2 | 8 | | | | | | | |
| | | | 3 | | 2 | | | |

## #56

| 9 | | | 5 | 2 | | | | |
|---|---|---|---|---|---|---|---|---|
| | | 6 | | | | | | |
| 7 | | 2 | 3 | | | 8 | 9 | |
| 2 | 3 | | | | 6 | | | |
| | | | | | | | 4 | |
| | | | 7 | | | | 8 | 9 |
| | | | 9 | | | | | |
| 6 | | | | 5 | 1 | | | |
| 4 | | | | | 3 | 1 | 2 | |

## #59

| | | | 6 | | | 2 | | |
|---|---|---|---|---|---|---|---|---|
| | | | | | | | | 9 |
| 8 | 2 | | | 5 | 4 | 3 | | |
| | 4 | | 7 | 6 | 1 | 8 | | |
| 9 | | | | 2 | 8 | | | |
| | | | | | | 9 | | 4 |
| 3 | 8 | | | | | | | |
| | | | | | | | | |
| 4 | | 7 | | 1 | | | 3 | 8 |

## #57

| 1 | 9 | 8 | | 3 | | | | |
|---|---|---|---|---|---|---|---|---|
| | | | 6 | | | 7 | 1 | |
| | 4 | | | | | 9 | | |
| | | 7 | | | | | | |
| | 5 | | | | 2 | | 3 | |
| | 8 | | | | 9 | 6 | | |
| 8 | 2 | | 5 | | | 3 | 1 | 6 |
| | | | | 6 | | | | 8 |
| | | | 9 | | | | | 2 |

## #60

| 6 | 9 | | 7 | | | | | |
|---|---|---|---|---|---|---|---|---|
| | | | | | | | | 3 |
| | 8 | 4 | | | 1 | 9 | | |
| 9 | | | 2 | 8 | | | | |
| | 7 | | 9 | 5 | 4 | | | |
| | | | | | | 5 | | |
| | 2 | 5 | | | | | | |
| | | | | | | 3 | | 8 |
| 1 | 6 | | | 7 | | | 9 | 5 |

# #61

```
. 7 . | . . 3 | . . .
. 5 . | 9 2 1 | 6 . .
3 . 1 | . . . | 8 . .
------+-------+------
. . . | . . . | . . .
. 2 . | . . . | 9 . 8
. . . | 6 4 2 | 3 . .
------+-------+------
2 . . | . . . | 1 6 .
. . . | 1 . . | 2 . .
. . 4 | 2 6 . | . . 9
```

# #64

```
9 . . | . . . | . . 3
. . . | . 1 6 | . . .
. 3 6 | . 5 . | . 1 .
------+-------+------
2 . . | . . . | . . 8
4 . . | . . . | 5 . .
. . 1 | 2 7 4 | . 6 .
------+-------+------
. 7 . | 4 3 . | . . .
. . . | . . 5 | . . 4
1 . . | . 8 . | . . .
```

# #62

```
. . . | . 2 8 | 1 . 3
. 6 3 | . 5 . | . . .
1 . . | 3 . . | . . .
------+-------+------
. 8 . | . 3 . | 9 . .
9 . 7 | . . 6 | . . .
. . . | 4 . . | 8 2 .
------+-------+------
. 4 . | . . 5 | . 8 .
3 9 5 | 2 . . | . . 6
. . . | . . . | . . .
```

# #65

```
. . 3 | . . . | . 1 4
. . . | . . . | 8 2 6
6 . . | . 9 3 | . . .
------+-------+------
. 2 . | 5 . . | . . .
9 . . | 6 . . | 7 . .
. . 1 | . 4 . | . 6 8
------+-------+------
. 4 . | . . . | . . .
. 5 . | 2 . 8 | . . .
. . . | 1 6 . | . . 3
```

# #63

```
. . . | . 2 . | . . .
. . . | . . . | . . 5
4 . 6 | 7 . . | 9 . 1
------+-------+------
. 6 9 | . . 4 | 1 . .
. . . | . 1 2 | . 3 6
2 7 . | . . . | . . .
------+-------+------
. 9 . | 8 . . | 6 5 4
. . 8 | . . . | . . .
. 4 . | . . 1 | . . 3
```

# #66

```
. . . | 5 7 6 | 3 8 .
. . 5 | . 2 9 | . 4 .
. 9 . | . . . | . . .
------+-------+------
. . . | . . . | . . .
. 2 4 | 1 . . | . . .
5 . . | 9 7 . | 2 4 . 3
------+-------+------
. 8 . | . . . | . . .
7 . 3 | . . 4 | . . 1
. . . | . . . | . 2 4
```

## #67

| | | | 5 | | | 7 | | |
|---|---|---|---|---|---|---|---|---|
| 8 | 7 | 1 | | | 4 | 6 | | 5 |
| 4 | | | 8 | | 6 | | 1 | |
| 7 | 6 | 3 | | | 1 | | | |
| | | 4 | | | | | 2 | |
| | | | | | 4 | | | |
| | | | 1 | 3 | | | | |
| | 3 | | | | | | 7 | |
| 9 | | | | | | | | 8 |

## #70

| | 7 | | | | | 4 | | 6 |
|---|---|---|---|---|---|---|---|---|
| | | | 1 | | | | 8 | |
| | | 9 | | | | 3 | | |
| | | 7 | | 5 | | | | 9 |
| 5 | | 6 | | 9 | | | 4 | |
| | 4 | | | | 8 | | | |
| | | | 5 | 6 | | | 2 | 3 |
| | | | | 3 | 1 | | 6 | |
| | 1 | | | 8 | 2 | | | |

## #68

| 7 | 4 | | | | | | | 2 |
|---|---|---|---|---|---|---|---|---|
| | | | 6 | 2 | | 3 | 7 | |
| | | | 9 | | | | | |
| 6 | 5 | | 3 | | | | 4 | |
| | | 8 | | 4 | 9 | | | |
| | | 2 | | | | | | 5 |
| | | | | | 8 | | | |
| | 3 | | | | | 1 | | |
| | 9 | | | | 1 | 7 | 2 | 3 |

## #71

| | | 4 | | 5 | | 3 | | |
|---|---|---|---|---|---|---|---|---|
| | 8 | 1 | 6 | 3 | | | 4 | 9 |
| | | | | 4 | 7 | | | |
| | 9 | 7 | | 2 | | 4 | | |
| | | | | | 7 | | | |
| 2 | | | | 8 | | 6 | | |
| | 7 | 6 | | | | | | |
| | | | 7 | 4 | | 8 | | |
| 5 | | | 3 | | | | | |

## #69

| | | | 4 | 5 | | 1 | 2 | |
|---|---|---|---|---|---|---|---|---|
| | | | 3 | | 9 | | | |
| 4 | | 1 | | | | | | |
| 7 | | | | 1 | | | | |
| 5 | | 8 | | 6 | | | | |
| | | 5 | 8 | | 4 | | | 1 |
| 1 | | 3 | | | | 6 | 8 | |
| | | 7 | | | | | | |
| | | 6 | | | 5 | 7 | 9 | |

## #72

| | | | | 3 | | 7 | | |
|---|---|---|---|---|---|---|---|---|
| | 5 | | | | | | | 3 |
| | | | 6 | 2 | | | | |
| | | 3 | 9 | | | | | 6 |
| 7 | 2 | | | | | | | 4 |
| 5 | | 9 | 2 | 1 | | | 3 | |
| 4 | 9 | | | | | | | |
| | | 8 | | 7 | | | | 2 |
| | 3 | 7 | | | 1 | | | 5 |

# #73

| | | | | | | | 6 | |
|---|---|---|---|---|---|---|---|---|
| 9 | 7 | 2 | | | | | | |
| | | | 1 | | | 9 | 8 | |
| | | | 7 | 4 | | | | |
| | | | 6 | | | | 7 | 3 |
| | 1 | | 3 | | | | | |
| 4 | | | 7 | | 3 | 2 | | |
| | | 6 | 8 | | | | 5 | |
| 2 | | 3 | | | | | | 8 |

# #76

| | | 9 | 3 | | | | | |
|---|---|---|---|---|---|---|---|---|
| 3 | | 4 | 6 | 1 | | | | |
| | 6 | | | 9 | 7 | | | |
| | | | | | 2 | 9 | 3 | |
| | | | | | | | 8 | |
| | 5 | 8 | | | 9 | 2 | | 7 |
| | 2 | | | 8 | | | | |
| 6 | | | | 7 | | 5 | | |
| | | | | | | | | 3 |

# #74

| | | | | 2 | | 3 | | |
|---|---|---|---|---|---|---|---|---|
| | | | | 3 | 8 | | | 6 |
| | | | 7 | | 6 | | 9 | 5 |
| 2 | 3 | | | 5 | | | 6 | |
| | | 8 | | | 9 | | | 7 |
| | | 1 | | | 3 | | | |
| | | | | | | | | |
| | 5 | | | | | | 2 | |
| 8 | | | 5 | 7 | | | | 4 |

# #77

| | | | | | | 5 | 8 | 3 |
|---|---|---|---|---|---|---|---|---|
| 2 | | | 9 | | | | | 1 |
| 3 | 1 | | | | | 9 | | |
| | | | | | 7 | 1 | 6 | 5 |
| | 7 | | | | | | | |
| | 9 | 5 | | 1 | | 7 | 2 | |
| 7 | | | 3 | | | | | |
| | | 2 | 1 | | | | | 4 |
| | 8 | | | 2 | | | | |

# #75

| 8 | 4 | 6 | 7 | | | | 3 | |
|---|---|---|---|---|---|---|---|---|
| | | 5 | | | | | | |
| | | | | | | | | 6 |
| | 5 | | | | 3 | | 9 | 7 |
| 9 | | 8 | | | | | | 3 |
| | | | | | 7 | | 8 | |
| 6 | 3 | | 4 | 1 | | | 7 | 8 |
| 7 | | | | 2 | | | | |
| | | | | | 8 | 1 | | |

# #78

| | 8 | | 6 | 9 | 5 | | | |
|---|---|---|---|---|---|---|---|---|
| | | | 3 | | | 1 | | |
| | | 2 | | 1 | | 5 | | |
| 4 | | 9 | 2 | | 8 | | | |
| 5 | | | | | | | | 6 |
| | 1 | 8 | | | | | | |
| | | | | | 4 | 8 | | 9 |
| 1 | | | | 2 | 9 | | 7 | |
| | | | 5 | 7 | | | | |

# #79

| 9 | 2 |   |   | 6 |   | 5 |   |   |
|---|---|---|---|---|---|---|---|---|
| 1 |   | 7 | 5 |   |   |   |   |   |
|   |   |   |   |   |   |   | 8 |   |
| 8 |   |   |   |   |   |   |   |   |
|   |   |   |   |   | 5 |   | 4 | 2 |
|   | 6 |   | 1 |   |   |   | 3 |   |
| 7 |   | 8 | 6 |   |   |   |   |   |
|   |   |   |   |   |   |   | 9 |   |
| 6 |   |   | 3 | 8 | 4 |   |   | 1 |

# #82

| 4 |   |   |   |   |   | 8 | 5 | 3 |
|---|---|---|---|---|---|---|---|---|
|   | 3 | 5 | 9 |   |   |   |   |   |
|   |   |   |   | 4 |   |   |   |   |
|   |   |   | 1 |   | 2 |   | 9 |   |
|   | 2 | 3 | 5 |   |   |   | 6 |   |
|   | 9 |   |   |   |   |   |   |   |
|   |   |   |   |   |   |   |   | 8 |
|   | 4 |   |   | 9 |   |   |   | 6 |
|   |   | 6 |   | 1 | 7 | 9 | 2 | 4 |

# #80

|   |   |   |   |   |   |   |   |   |
|---|---|---|---|---|---|---|---|---|
|   |   |   | 8 |   |   | 2 | 5 |   |
| 1 |   |   |   |   | 7 |   |   |   |
|   |   | 7 |   | 3 |   | 8 |   |   |
| 6 |   |   |   |   |   |   |   |   |
| 5 | 3 |   |   |   |   | 6 | 2 |   |
|   |   | 4 | 8 | 7 |   | 1 |   |   |
|   | 6 | 8 | 3 | 4 | 1 |   | 7 |   |
|   |   |   |   |   |   |   |   |   |

# #83

|   | 6 | 7 |   | 8 | 2 |   | 3 |   |
|---|---|---|---|---|---|---|---|---|
|   |   |   |   |   |   |   |   |   |
| 9 |   |   |   |   |   |   | 7 |   |
|   |   |   |   | 7 |   |   |   |   |
|   | 5 |   | 8 |   |   | 7 |   | 1 |
|   |   |   |   |   | 3 | 2 | 5 |   |
| 5 | 7 |   | 6 | 2 |   | 4 | 8 |   |
|   | 1 |   |   |   | 9 |   |   |   |
| 4 |   | 9 |   |   |   | 5 |   |   |

# #81

|   | 5 |   | 1 |   | 4 |   |   |   |
|---|---|---|---|---|---|---|---|---|
|   |   |   |   |   |   |   | 5 |   |
|   | 8 | 2 | 6 |   | 3 |   | 9 |   |
|   |   | 3 | 2 | 9 |   | 5 | 8 |   |
|   |   |   |   |   |   |   |   | 3 |
| 2 | 6 |   |   |   |   |   |   |   |
|   |   |   | 8 | 7 |   | 9 | 3 |   |
|   |   | 9 |   |   |   |   |   |   |
| 1 |   |   |   | 5 |   |   | 2 | 8 |

# #84

|   |   |   |   |   |   | 1 |   | 7 |
|---|---|---|---|---|---|---|---|---|
|   | 7 |   | 3 | 9 |   |   |   |   |
|   |   |   |   | 4 |   |   | 8 |   |
|   | 8 |   |   |   |   |   |   |   |
|   | 2 |   |   |   |   | 3 |   |   |
|   |   | 3 | 5 | 6 |   |   | 7 | 1 |
| 2 | 6 | 8 |   |   |   |   |   |   |
|   |   |   |   |   |   | 9 |   | 5 |
|   |   | 4 |   | 7 | 1 |   |   |   |

## #85

| 2 | 4 |   | 1 | 8 |   | 9 |   |   |
|---|---|---|---|---|---|---|---|---|
| 9 | 6 |   | 2 |   | 7 |   |   |   |
|   |   |   |   |   |   |   |   | 8 |
|   | 2 |   | 7 |   |   |   |   |   |
|   |   |   |   |   |   |   |   | 6 |
|   |   |   | 4 |   | 8 | 2 | 1 | 5 |
| 5 |   |   |   |   | 2 | 7 | 4 |   |
| 3 |   |   | 5 |   |   |   |   |   |
|   |   |   | 8 | 4 | 9 |   |   |   |

## #88

|   |   | 7 | 4 |   |   |   |   |   |
|---|---|---|---|---|---|---|---|---|
| 4 |   |   |   |   | 8 |   |   | 9 |
|   | 6 |   |   | 3 | 7 | 5 |   |   |
| 8 |   |   | 5 | 2 |   |   |   |   |
|   |   |   | 3 |   |   | 1 |   |   |
|   |   | 2 | 8 | 1 | 9 |   |   |   |
|   | 1 |   |   |   |   |   | 9 |   |
| 6 |   |   |   |   |   |   |   |   |
|   | 7 | 3 |   |   |   |   |   | 8 |

## #86

| 6 |   |   |   |   |   |   |   |   |
|---|---|---|---|---|---|---|---|---|
|   |   | 3 |   |   | 4 |   |   |   |
|   |   | 9 | 8 | 1 |   |   |   |   |
|   |   |   | 1 |   |   | 3 |   |   |
|   |   |   |   |   |   |   |   | 8 |
|   | 6 | 4 |   | 8 | 7 |   |   | 9 |
|   | 9 |   |   | 5 | 3 |   | 1 |   |
|   | 5 | 1 |   | 4 |   |   |   | 2 |
|   |   | 7 |   |   |   |   |   | 6 |

## #89

|   | 6 | 4 | 2 |   |   |   |   | 7 |
|---|---|---|---|---|---|---|---|---|
| 2 |   | 7 | 6 | 3 | 5 | 8 |   |   |
|   | 5 | 6 |   |   |   |   | 1 | 9 |
|   |   |   |   |   |   | 2 |   | 8 |
|   | 2 | 8 | 9 | 5 |   | 4 |   |   |
|   |   |   |   | 9 | 1 |   |   |   |
|   | 8 | 2 | 4 |   | 7 |   |   |   |
|   |   |   |   |   |   |   |   |   |
|   |   |   |   |   |   |   |   |   |

## #87

| 7 |   |   |   | 6 |   | 4 |   | 3 |
|---|---|---|---|---|---|---|---|---|
|   |   |   | 3 |   | 2 |   |   |   |
|   |   |   |   |   | 1 |   |   | 6 |
|   | 6 | 4 |   |   |   |   | 7 | 5 |
| 9 | 7 |   |   |   | 3 | 2 |   |   |
|   |   | 2 |   |   |   |   |   |   |
|   |   | 3 |   |   |   | 1 |   |   |
| 2 |   |   |   |   |   | 9 |   | 8 |
| 8 | 9 |   | 5 |   |   | 7 |   |   |

## #90

|   | 6 | 8 |   | 9 | 1 |   |   | 2 |
|---|---|---|---|---|---|---|---|---|
| 9 | 3 |   | 4 |   |   |   |   |   |
| 4 |   | 2 |   |   |   |   | 7 | 9 |
|   |   | 5 |   |   |   | 2 |   | 8 |
|   |   | 4 | 8 |   | 7 |   | 5 |   |
|   | 1 |   |   |   |   |   |   |   |
|   |   |   |   |   |   |   |   | 4 |
|   |   |   | 3 |   |   |   |   |   |
|   |   |   | 2 | 4 | 6 | 5 |   | 7 |

## #91

| | | | | | | | | |
|---|---|---|---|---|---|---|---|---|
| 5 | | | 1 | | | | 9 | |
| | | 2 | | | | | | 3 |
| | | | 2 | 6 | | 5 | | |
| | 4 | 9 | | 3 | | | | 5 |
| | 3 | 8 | 7 | | | | | |
| | | | | | 4 | | | |
| 2 | | 7 | | | 1 | | | |
| | | | | | | | | |
| | | | 4 | | | | 1 | 6 |

## #94

| | | | | | | | | |
|---|---|---|---|---|---|---|---|---|
| | | 9 | | | | | | 1 |
| | 6 | | 5 | 1 | 8 | 9 | 3 | |
| | | 3 | | | | | 2 | 7 |
| | | 4 | 1 | 6 | | | | |
| | | | | | 2 | 8 | 4 | |
| | | | 3 | | | 2 | 9 | |
| | 1 | | 9 | | | 7 | | |
| 9 | | 2 | | | | | | 8 |

## #92

| | | | | | | | | |
|---|---|---|---|---|---|---|---|---|
| | | | | | | | | |
| | 5 | | | | 9 | | 4 | |
| | 4 | 8 | | | | | | 2 |
| 4 | | | 2 | 5 | | | | 7 |
| | 2 | | | 8 | | | | 3 |
| | | | | 1 | 6 | 5 | | |
| | | | | | | | | |
| | | 7 | 8 | 6 | | | | |
| 8 | | 6 | 1 | | | 3 | | 4 |

## #95

| | | | | | | | | |
|---|---|---|---|---|---|---|---|---|
| 7 | 4 | 6 | | | | | 5 | 9 |
| | | | | | | | | |
| | | | 5 | | | | 1 | |
| | | 1 | 3 | | | | 6 | 4 |
| 2 | | | | | | | | |
| | 3 | | | 5 | 7 | | | |
| | | | 4 | | | | 8 | 6 |
| | 8 | | 7 | | 3 | 4 | | |
| | | | 9 | 6 | | 7 | | 5 |

## #93

| | | | | | | | | |
|---|---|---|---|---|---|---|---|---|
| | | | | 4 | 9 | | 8 | |
| | | | | | | | | |
| | 4 | 1 | | 6 | | | | |
| | | | | | | 9 | | 3 |
| 2 | | | | 1 | | 7 | | 6 |
| 4 | | | 7 | 3 | 9 | | | |
| | | | | | | 8 | 5 | |
| | 1 | | | 2 | | | | |
| | 9 | 6 | 1 | | 7 | | | |

## #96

| | | | | | | | | |
|---|---|---|---|---|---|---|---|---|
| | 2 | 7 | 8 | | 5 | | 6 | 4 |
| | 8 | 1 | | | 7 | | 9 | |
| | | | | 6 | | 8 | 7 | |
| | | | 4 | | | | | |
| | | | | 2 | | | | |
| | 9 | 3 | | | | | 8 | 7 |
| | 6 | 9 | | 3 | | | | |
| | | | | | | 4 | | 1 |
| 2 | | | | | | | | 6 |

## #97

| | | | | | | | | |
|---|---|---|---|---|---|---|---|---|
| | 5 | 7 | 6 | 4 | 2 | 9 | | 8 |
| 3 | 2 | | | 1 | 9 | | 4 | |
| | | | | | | | | |
| | 6 | | 7 | | | | | 4 |
| | | | | | | | | |
| | | 2 | | 3 | 1 | 8 | | |
| | | | | | 9 | | 3 | |
| | 4 | 8 | | | | | 7 | |
| 2 | | | | | | | | 1 |

## #100

| | | | | | | | | |
|---|---|---|---|---|---|---|---|---|
| | | 3 | 8 | | 7 | 9 | | |
| 1 | | | | | 9 | | | |
| | 7 | | | 4 | | | | |
| | | | | | | 2 | 5 | 8 |
| | 7 | 3 | | | 4 | | | |
| | | | | | | | 1 | |
| | 9 | | 5 | 3 | 4 | 7 | | |
| | 8 | 5 | 9 | | | | | |
| | | | | 2 | | | | |

## #98

| | | | | | | | | |
|---|---|---|---|---|---|---|---|---|
| 2 | | 7 | 4 | | | 5 | 8 | |
| | 3 | | | | | | | |
| 6 | | | | | | | | |
| | | | 7 | | 2 | | 3 | 1 |
| 5 | 8 | | 1 | | | 6 | | |
| | | | | | | | | |
| | | | 5 | 4 | 9 | | 7 | |
| | | 6 | 8 | 3 | | | 5 | |
| | | 1 | | | | | | |

## #101

| | | | | | | | | |
|---|---|---|---|---|---|---|---|---|
| | | | | 2 | 6 | | | |
| | 1 | | 4 | 8 | | 9 | | |
| | | | 7 | | | | | |
| | | 6 | | | 3 | | 7 | 9 |
| 8 | 5 | | | | | 2 | | |
| | | | | | | | | 1 |
| | 9 | 2 | 5 | | 8 | | 3 | |
| | 8 | 3 | | | 4 | | | 5 |
| | | | | | | | | |

## #99

| | | | | | | | | |
|---|---|---|---|---|---|---|---|---|
| 7 | | | | 4 | | 8 | | 2 |
| | | | | | | 8 | | 6 |
| 4 | | | | 5 | | 1 | | |
| | 2 | 6 | 8 | | | | | 5 |
| | 4 | | | | | | | |
| | | | | 7 | | 4 | | |
| | | | | 1 | | 3 | | |
| 9 | | 5 | 3 | | | | | |
| | | | | | | 7 | | 9 |

## #102

| | | | | | | | | |
|---|---|---|---|---|---|---|---|---|
| 7 | | | | 2 | | | | |
| | 9 | 5 | 4 | 1 | | 6 | | |
| | | 8 | | 6 | 3 | 2 | | |
| | | | | | | | | |
| | | 6 | | 4 | | 8 | 1 | |
| | | | 5 | | 3 | | | |
| | 3 | 4 | | | | | | |
| 1 | | | | 8 | | 4 | 2 | 3 |
| | | | | | | | | 9 |

## #103

| | | 9 | | | | | | 1 |
|---|---|---|---|---|---|---|---|---|
| | | | | 4 | | | | 3 |
| 1 | 4 | | 6 | 8 | | | | |
| | | 1 | | 3 | 7 | | | 2 |
| 4 | 7 | | | | | | | |
| | 9 | | | 5 | 8 | | | |
| | 2 | | | | | | | 5 |
| | | | | | | | | |
| | | | | 3 | 9 | 2 | 8 | |

## #106

| 1 | | | 9 | | 3 | | | |
|---|---|---|---|---|---|---|---|---|
| | | 2 | | | | | | |
| | | | 1 | 6 | 4 | | 2 | 9 |
| | | | 2 | | 5 | 9 | | |
| | | 3 | | | | | | 4 |
| 4 | 1 | | 3 | | | | | |
| | | | 7 | 6 | | | | |
| 5 | | 6 | | | | | 1 | 8 |
| | 7 | | | | 6 | | | |

## #104

| 1 | 9 | | | | | | | |
|---|---|---|---|---|---|---|---|---|
| | 3 | | | | 5 | 8 | 9 | |
| | 2 | 4 | | | | 6 | | |
| | | | | | | 5 | | |
| | | | | | 3 | | | 2 |
| | 4 | 9 | 5 | | 1 | | | 8 |
| | | 3 | 9 | | | | | 7 |
| | | | 7 | 8 | | 4 | 3 | |
| 4 | 8 | | | | | | | |

## #107

| 5 | | | | | | | | |
|---|---|---|---|---|---|---|---|---|
| | | 7 | 2 | | | | | 1 |
| 6 | | | 9 | | | | 2 | 8 |
| 4 | 9 | 1 | 7 | | 2 | 5 | | 6 |
| | | | 6 | | | | | |
| | | | | | 9 | 1 | 7 | |
| 8 | | 2 | | | | | | |
| | | | 4 | | | | | |
| | | | 3 | 5 | | | | 9 |

## #105

| | | | 5 | 7 | | 8 | | |
|---|---|---|---|---|---|---|---|---|
| | | | | | 4 | | | |
| | 4 | | | 8 | 9 | | | 5 |
| 8 | | | | 6 | 2 | | | 4 |
| 2 | 9 | | 7 | | 8 | | 6 | |
| | | | | | | | 3 | |
| 7 | 3 | | | | | | | 2 |
| | | | | | | | | |
| | | 5 | 6 | | 7 | 1 | | |

## #108

| | | | 2 | | | | 7 | |
|---|---|---|---|---|---|---|---|---|
| | 5 | 9 | | | 6 | | | |
| 3 | 6 | | 4 | | 1 | 8 | | 9 |
| | 9 | 7 | | 4 | | 3 | | |
| | | | 1 | | | | | |
| | 8 | | | | | | | 6 |
| 4 | | | | 1 | | 6 | | |
| | | | | | | | | 8 |
| | | | | 9 | 7 | | | 2 |

## #109

```
. . 9 | . . . | . . .
. . . | . 5 6 | . 3 .
2 . 4 | . . 7 | 5 . .
------+-------+------
. 4 1 | 7 . . | 9 . 5
. . . | . 2 4 | . . .
9 . . | . . . | . . 7
------+-------+------
7 . . | 2 . 1 | . . .
1 . . | . . . | 8 . .
. 2 8 | 6 . 3 | . . .
```

## #112

```
8 . . | 7 5 . | . . 4
. 1 . | 8 6 2 | . . .
. 7 6 | . . . | . . .
------+-------+------
. . . | . . . | . 1 8
. 5 . | 2 1 3 | . . .
. . 3 | . . . | 6 . .
------+-------+------
. . 7 | . . . | 9 . 3
3 . . | . 5 8 | 7 6 .
. . . | . . . | . . .
```

## #110

```
1 8 . | . 6 3 | . . .
. . . | . 4 1 | . . .
. . . | . . . | 8 2 .
------+-------+------
8 . . | 6 1 . | . . .
. . . | 5 . . | 7 8 .
4 7 . | . 2 . | . . .
------+-------+------
. . . | 7 . . | 2 . 1
7 . . | . . . | 9 6 .
. 1 5 | . . . | 3 . .
```

## #113

```
. . . | . . 1 | . . .
. . 1 | . 5 . | 4 . .
. 5 . | 7 8 . | . . .
------+-------+------
. . . | . 7 . | . . 2
. . 9 | . . . | . . .
4 6 . | . . . | 9 8 1
------+-------+------
. 4 5 | 8 9 . | . 1 .
. 9 8 | 6 7 . | . . 3
. . . | . . . | . . 5
```

## #111

```
. 5 . | 1 8 . | . . 4
. 4 . | . . . | . 7 .
3 . . | . . . | . . .
------+-------+------
8 . . | . 5 . | . . .
. . . | 1 . . | . . 3
. 3 6 | . . 9 | 7 1 2
------+-------+------
6 8 . | . . . | 3 5 .
. . . | . . . | . 9 8
7 . . | . 3 . | . . 6
```

## #114

```
. . 9 | . . . | 6 . .
. . . | . 3 . | . . 4
8 3 1 | . 2 . | 9 . .
------+-------+------
. . 3 | . . . | . . .
. 1 . | 3 7 5 | 6 4 .
. 4 7 | 8 . 1 | . . .
------+-------+------
. . . | 6 1 . | . . .
. 2 . | . . . | . . 3
. 9 . | . . 4 | . . .
```

## #115

| | | | | | | | | |
|---|---|---|---|---|---|---|---|---|
| 8 | 5 | 6 | 4 |   | 3 |   |   | 2 |
| 3 |   | 9 | 2 |   |   |   |   |   |
|   |   |   |   |   |   |   |   |   |
|   |   |   | 3 |   |   | 2 |   |   |
| 5 |   |   |   | 7 |   |   | 6 |   |
|   |   |   |   |   | 1 | 3 | 8 | 4 |
|   |   |   | 1 | 8 |   |   |   |   |
|   | 7 | 3 |   |   |   |   |   |   |
| 9 |   |   |   |   |   |   | 4 | 5 |

## #118

| | | | | | | | | |
|---|---|---|---|---|---|---|---|---|
|   |   | 8 |   |   |   |   |   |   |
|   |   |   |   |   |   | 9 |   | 4 |
|   | 9 |   | 4 |   | 5 |   | 8 | 7 |
|   |   |   | 1 |   |   |   |   |   |
|   |   | 1 | 8 |   | 3 |   |   | 9 |
| 2 |   | 6 |   |   |   |   |   | 3 |
|   |   |   | 7 |   |   |   | 5 | 2 |
| 6 | 7 |   | 2 | 9 |   | 4 |   |   |
|   | 3 |   |   |   |   |   |   |   |

## #116

| | | | | | | | | |
|---|---|---|---|---|---|---|---|---|
|   |   | 5 | 2 |   | 8 |   | 3 | 1 |
|   | 8 |   |   |   | 9 |   | 7 | 4 |
| 1 |   |   |   |   |   |   |   |   |
|   | 1 | 9 |   |   |   | 6 |   |   |
|   |   |   |   |   |   |   |   |   |
|   |   |   |   | 4 | 7 |   |   | 3 |
| 5 |   | 7 | 4 |   |   | 2 |   |   |
| 3 |   |   | 5 |   |   |   |   |   |
|   |   |   |   |   |   |   | 4 | 7 |

## #119

| | | | | | | | | |
|---|---|---|---|---|---|---|---|---|
| 1 |   |   | 9 |   |   |   |   |   |
|   |   |   |   | 6 |   | 7 |   | 8 |
|   | 3 |   |   | 4 | 2 |   | 9 |   |
|   | 6 | 8 |   |   |   |   | 1 | 2 |
| 4 | 5 |   |   |   | 6 |   |   |   |
|   |   |   | 5 | 2 | 7 |   |   |   |
|   |   |   |   | 1 | 9 |   |   |   |
|   |   |   |   |   |   |   |   | 7 |
|   | 1 |   |   |   |   |   |   | 3 |

## #117

| | | | | | | | | |
|---|---|---|---|---|---|---|---|---|
|   | 1 |   |   | 6 | 5 | 3 |   |   |
| 9 |   |   |   |   |   |   |   |   |
|   |   |   | 5 |   |   |   |   | 7 |
|   |   |   |   | 5 |   | 9 |   |   |
| 4 |   | 7 |   |   |   |   |   |   |
|   |   |   | 1 | 2 | 4 | 7 |   | 5 |
| 8 | 9 |   |   |   |   |   |   |   |
|   |   |   | 8 | 7 |   |   |   |   |
|   | 6 | 2 |   |   | 9 | 4 |   |   |

## #120

| | | | | | | | | |
|---|---|---|---|---|---|---|---|---|
|   |   |   |   |   |   | 4 |   |   |
| 4 | 3 |   |   |   |   |   |   |   |
|   |   |   |   | 1 | 5 |   | 2 |   |
|   |   | 2 | 4 | 9 | 3 | 7 |   |   |
|   |   |   |   |   |   | 8 |   |   |
|   | 1 | 5 | 8 |   |   |   |   | 4 |
|   | 9 | 3 | 6 |   |   |   |   |   |
|   | 8 |   |   | 2 | 5 | 3 | 9 |   |
|   |   |   |   |   |   |   |   | 5 |

## #121

```
. . . | . 5 . | . . 8
. . 5 | 8 . 1 | 6 . .
9 . . | . . . | . . 2
------+-------+------
. . . | . 6 . | 5 . .
. 1 . | . . . | . 7 3
. 3 . | 4 7 . | . 9 .
------+-------+------
6 . . | . . 4 | 3 . .
. . . | . . . | . . .
. . . | 6 9 . | . . 1
```

## #124

```
2 . . | 4 . . | . . .
. . 5 | . . 8 | 4 6 1
7 . . | 3 . 1 | 9 . .
------+-------+------
. . 4 | 1 . . | . . .
5 . 3 | . . . | . . .
. . . | . 2 5 | 6 . .
------+-------+------
. . . | . . . | . 3 6
. 3 8 | . . . | 1 . .
1 . . | . . . | 8 . 5
```

## #122

```
. . . | . . . | . . 2
. . . | 3 . . | . 4 .
9 . . | 7 . . | 8 1 .
------+-------+------
. . 6 | 5 . . | 9 . .
. . . | 1 . . | . 3 .
. 8 2 | 9 4 . | . . .
------+-------+------
6 . 7 | 8 5 . | . . .
. . . | . . . | . 5 1
1 5 . | 4 . . | . . .
```

## #125

```
. . 7 | . 8 . | . . .
. . . | 9 . 7 | . 8 .
2 . . | . . . | 1 . .
------+-------+------
. . . | . . . | . . .
. 6 8 | . . 3 | 9 . 1
. 2 . | 4 5 8 | . . .
------+-------+------
. . . | . . 1 | . . 3
. . 9 | 8 . . | . . .
. . 3 | . . 4 | 8 9 7
```

## #123

```
. . 7 | . 6 9 | . . .
5 . . | . . . | 6 . .
2 . . | . . 8 | . 4 .
------+-------+------
. . . | . . . | 2 . .
. 8 . | . . 3 | 5 1 .
. . . | 1 7 6 | 9 . .
------+-------+------
. . . | . . . | . . .
. . 1 | 5 . . | 4 3 6
7 3 . | . 9 . | . . 2
```

## #126

```
9 6 7 | . . 2 | . . .
. . . | . . . | . 8 .
. . . | 9 7 1 | . . .
------+-------+------
. 4 . | . . 1 | . . 8
6 . . | . 4 . | . . 5
. . . | 8 . . | . 6 .
------+-------+------
. 7 1 | 5 . . | . . .
. 6 . | . 1 7 | . 5 .
5 . . | . 9 . | . . 2
```

## #127

| 1 |   |   | 6 |   | 4 |   |   |   |
|---|---|---|---|---|---|---|---|---|
| 6 |   |   |   | 8 | 1 | 2 |   |   |
|   |   | 2 |   |   |   |   |   | 3 |
|   | 4 | 5 | 8 |   | 9 |   |   |   |
|   |   |   |   |   |   |   |   | 5 |
|   |   |   |   |   | 4 | 7 |   |   |
|   |   | 1 | 3 | 4 | 2 | 8 |   |   |
| 8 | 9 | 4 | 1 |   | 6 |   |   |   |
|   |   |   |   |   |   |   |   |   |

## #130

|   | 3 | 6 |   | 7 |   |   | 2 |   |
|---|---|---|---|---|---|---|---|---|
| 8 | 1 |   | 3 | 2 |   |   |   |   |
|   |   |   | 9 | 8 | 1 | 5 |   |   |
| 7 |   |   |   |   |   |   |   |   |
|   |   |   | 8 |   | 2 | 3 | 9 |   |
|   | 2 | 5 | 4 |   |   |   |   |   |
|   |   |   |   |   | 9 | 4 |   |   |
|   | 2 |   |   |   | 5 |   |   |   |
|   |   |   | 9 |   |   |   | 7 |   |

## #128

|   |   |   |   |   | 7 |   |   |   |
|---|---|---|---|---|---|---|---|---|
|   |   | 3 |   |   |   |   | 6 | 2 |
| 2 |   |   |   | 6 | 8 |   |   | 9 |
|   |   |   |   | 5 | 9 |   |   |   |
|   | 9 | 5 | 6 |   | 7 |   | 1 |   |
| 6 |   |   | 2 |   |   |   |   |   |
|   |   |   |   | 3 |   | 5 |   |   |
|   | 8 | 6 |   | 2 |   |   |   |   |
|   | 2 |   |   |   |   | 9 | 8 | 4 |

## #131

| 3 | 4 |   |   |   |   |   |   |   |
|---|---|---|---|---|---|---|---|---|
|   |   |   |   |   | 8 |   | 3 | 2 |
|   |   |   |   | 5 |   | 1 |   |   |
|   |   |   |   |   |   |   |   |   |
|   |   | 4 | 1 |   | 6 |   |   | 3 |
|   | 2 | 6 | 3 | 9 |   |   | 8 |   |
|   | 9 |   | 2 |   |   | 7 |   |   |
| 6 | 7 | 1 |   | 3 |   |   | 4 |   |
|   |   |   | 8 |   |   |   |   | 1 |

## #129

| 6 |   | 4 | 8 | 9 |   |   |   |   |
|---|---|---|---|---|---|---|---|---|
| 7 | 8 | 9 |   |   | 2 |   |   |   |
| 3 |   |   | 4 |   |   |   |   |   |
| 9 |   |   |   | 6 |   | 3 | 5 | 1 |
|   |   |   |   |   | 6 |   |   | 4 |
|   |   |   |   |   |   |   |   |   |
|   |   |   | 5 |   |   | 7 |   |   |
|   |   |   |   |   |   | 8 | 2 |   |
| 4 |   |   |   | 9 |   |   |   | 3 |

## #132

|   |   |   |   |   | 6 |   |   |   |
|---|---|---|---|---|---|---|---|---|
|   |   |   | 4 | 7 | 1 |   | 8 |   |
|   |   | 7 |   | 6 | 2 | 4 |   | 3 |
| 6 |   | 5 |   |   | 3 | 8 |   | 2 |
|   | 1 |   | 6 |   |   |   |   |   |
| 3 |   |   |   | 7 |   |   |   |   |
| 8 |   |   |   |   |   |   |   |   |
|   |   |   | 8 | 9 | 5 |   |   | 6 |
|   | 4 | 1 |   |   |   |   |   |   |

## #133

| 3 |   | 2 |   |   | 1 |   |   |   |
|---|---|---|---|---|---|---|---|---|
|   |   | 1 |   |   | 8 | 7 | 6 |   |
| 6 |   |   |   |   | 5 |   |   |   |
|   |   |   |   |   | 4 |   |   |   |
|   |   |   | 5 | 2 |   |   |   |   |
| 1 |   | 8 |   | 7 |   |   | 5 |   |
|   |   |   |   | 5 |   | 3 | 7 |   |
| 9 | 3 |   | 4 |   |   |   |   | 2 |
|   | 2 |   |   | 8 |   |   |   | 5 |

## #136

|   |   |   |   | 1 | 4 |   | 2 | 9 |
|---|---|---|---|---|---|---|---|---|
|   | 9 | 1 | 2 | 6 |   | 7 | 8 |   |
|   |   |   | 9 |   |   |   |   |   |
| 6 | 7 |   |   | 9 |   |   |   |   |
|   |   |   |   |   |   |   |   |   |
|   |   |   |   | 1 | 8 | 6 |   |   |
|   |   |   |   |   |   |   |   |   |
|   |   | 2 |   |   | 5 | 3 |   |   |
| 1 | 3 | 6 |   | 7 |   |   |   | 2 |

## #134

|   | 3 | 1 |   |   |   |   |   |   |
|---|---|---|---|---|---|---|---|---|
|   |   |   |   |   |   |   |   |   |
|   |   |   |   | 7 | 6 |   | 9 | 4 |
| 2 | 5 |   | 3 | 4 |   |   |   | 6 |
| 8 |   |   |   |   |   |   |   |   |
|   | 3 |   |   |   |   |   |   |   |
|   |   |   |   |   | 2 |   | 5 |   |
|   | 9 |   |   | 6 |   |   | 2 | 7 |
| 3 |   | 2 | 9 |   |   |   | 4 | 8 |

## #135

|   |   |   |   |   |   |   |   |   |
|---|---|---|---|---|---|---|---|---|
|   |   |   | 8 |   |   | 7 | 4 | 3 |
| 6 |   | 7 |   | 2 | 4 |   |   |   |
|   | 7 |   | 4 |   | 3 | 5 |   | 6 |
|   |   |   | 7 | 1 |   | 9 | 2 |   |
| 5 |   |   |   |   |   |   |   |   |
|   |   |   |   |   |   |   | 7 |   |
| 3 |   |   | 6 | 4 |   |   |   | 8 |
|   |   | 2 | 5 | 3 |   |   |   |   |

## #137

|   |   |   |   |   |   |   |   |   |
|---|---|---|---|---|---|---|---|---|
|   |   |   | 6 |   |   |   | 8 | 7 |
| 2 |   | 5 |   |   | 1 |   |   | 4 |
| 8 |   |   |   | 3 | 7 | 1 |   |   |
| 6 | 1 | 2 | 5 |   |   |   |   |   |
|   |   |   |   |   |   |   |   |   |
|   |   |   |   | 9 |   |   |   |   |
|   |   | 7 | 2 |   |   | 9 |   |   |
|   |   |   |   | 4 | 3 | 7 | 2 | 6 |

## #138

| 7 |   |   |   |   |   |   | 3 |   |
|---|---|---|---|---|---|---|---|---|
|   | 6 |   |   |   |   |   | 2 |   |
|   |   | 5 | 3 |   | 9 |   |   |   |
| 6 |   | 1 | 4 |   | 3 | 7 |   |   |
|   | 7 |   |   |   |   |   |   |   |
| 3 | 2 |   |   | 7 | 6 |   | 1 |   |
|   |   |   | 8 |   | 1 | 2 |   |   |
| 2 |   |   |   |   |   |   |   | 6 |
|   |   |   |   |   | 5 | 1 | 4 | 7 |

### #139

| | | | | 9 | | | 1 | |
|---|---|---|---|---|---|---|---|---|
| | | | | | 6 | | | 7 |
| 5 | | 3 | | | 4 | 2 | | |
| | 3 | 7 | | | 8 | | | |
| | | | | | | | 9 | 5 |
| | | 6 | 4 | | | | 8 | |
| | | | | 1 | 5 | 6 | | |
| | 4 | | 6 | | 3 | | | |
| 6 | 7 | 2 | | | | | | |

### #142

| | 1 | 9 | | | 5 | 6 | | 7 |
|---|---|---|---|---|---|---|---|---|
| 7 | 2 | | | | | | 1 | |
| | | | | | | | 8 | 4 |
| | 3 | 4 | | | 9 | | | |
| | | | | | | | | |
| | | 6 | 2 | 5 | | 8 | | 1 |
| | 4 | 3 | 8 | 1 | | | | 6 |
| | | 2 | | | 4 | | | |
| | | | | | | | | 8 |

### #140

| | 3 | 2 | | | 9 | | | |
|---|---|---|---|---|---|---|---|---|
| | | 1 | | | 6 | 9 | | 4 |
| 4 | | 9 | 1 | 2 | | | | |
| | | 3 | 4 | 9 | | 8 | 6 | |
| | | | 5 | | | | 3 | 2 |
| | | | | | | | | |
| 2 | | | | | 7 | | | |
| | | | | | | | 4 | |
| 1 | | | | | 2 | 5 | | 8 |

### #143

| | | 5 | | | | | | |
|---|---|---|---|---|---|---|---|---|
| | 4 | 3 | 9 | | | | | 1 |
| 9 | 6 | | 5 | | | | 8 | |
| | | | 7 | | 3 | | | 8 |
| 5 | 7 | 4 | 6 | | | | | |
| 3 | | | | | | | | |
| | | | | 2 | | | | 9 |
| | | | 4 | 7 | | | 6 | 2 |
| | | 2 | | | 8 | 1 | | |

### #141

| | | | 5 | | | 9 | | 6 |
|---|---|---|---|---|---|---|---|---|
| 3 | 7 | | | | 9 | 4 | 5 | |
| 6 | | | | | | | | 2 |
| 7 | | | 1 | 4 | | | 8 | |
| | 1 | 6 | | | 2 | | | |
| | | | | | | | | 1 |
| 5 | 9 | | | 2 | | | | |
| | | | | | | | | 3 |
| 4 | | | | 3 | 8 | | 5 | |

### #144

| 3 | 7 | 5 | | | | | | |
|---|---|---|---|---|---|---|---|---|
| 6 | | | 2 | | | | 5 | |
| | | | | | | | | 3 |
| | 4 | 1 | | 8 | | | | |
| | | | | | 7 | | | 1 |
| | | | | | 3 | | | |
| | | | 8 | | | | | 2 |
| | | 9 | 1 | | 3 | 8 | 4 | 5 |
| 5 | 2 | | | 7 | 6 | | | |

## #145

```
. 1 . | . . . | 3 7 .
. . . | 3 . 1 | 6 . .
9 . . | . 5 4 | 1 . .
------+-------+------
. . . | 9 4 . | . . .
. . 5 | . 7 3 | . 9 .
4 7 9 | 8 . . | . . .
------+-------+------
. . 8 | . . . | . . .
. . . | . . . | 4 . .
7 2 . | . . . | 8 3 .
```

## #146

```
4 . . | . . . | 3 6 7
7 . 6 | 5 . . | . . .
. . . | . . . | . . 2
------+-------+------
. . . | 6 . 8 | 7 . .
6 . 9 | . . 8 | . . .
. 7 . | 3 . . | 5 . .
------+-------+------
. 6 . | . . . | 9 2 1
. 9 . | . 1 . | . . .
. 2 . | . . . | 3 . .
```

## #147

```
. . . | . 7 2 | . . .
. . . | 5 . 4 | 1 2 7
. . . | 1 . . | . . .
------+-------+------
. 1 . | . . . | . . .
. 2 5 | . 4 1 | 6 . 8
6 8 . | 2 . . | . 5 .
------+-------+------
3 . . | . . 8 | 2 9 6
. . . | . . . | . . .
. . 1 | 4 . . | . . .
```

## #148

```
. . . | 3 . . | . . .
. 6 8 | . . . | . . 2
. . . | . . . | 9 6 .
------+-------+------
7 . . | 9 3 5 | . . 8
8 . . | . . . | . . .
. 5 9 | 6 8 . | . . .
------+-------+------
. 7 3 | . . 9 | 1 6 .
2 9 . | 5 6 . | . . .
. . . | . . . | . . .
```

## #149

```
. . . | . . . | . . 5
9 . . | . . . | 7 3 .
. . . | 5 . . | 4 . .
------+-------+------
. . 1 | . 9 . | 2 . .
5 . . | 4 6 3 | 9 . .
. 8 . | 1 5 . | . . .
------+-------+------
1 7 3 | 9 8 . | . . .
. . 6 | . . . | . . .
. . . | 3 . . | 9 6 .
```

## #150

```
. . . | . 4 2 | . . .
. 8 1 | . 3 . | . 6 .
6 4 . | 9 . . | . . .
------+-------+------
7 . . | . . . | . . 1
. 6 . | 4 . . | 8 9 .
9 . . | . 6 7 | 5 . .
------+-------+------
. . . | 4 . . | 3 . 5
4 1 3 | . . . | . . .
. . . | . . . | . . 2
```

# #151

| | | 6 | | | | | | |
|---|---|---|---|---|---|---|---|---|
| 2 | | 9 | 8 | | | | | |
| | | | 7 | | 2 | 1 | | |
| | 2 | | | | | | | 4 |
| 3 | 7 | | 5 | | | 9 | | |
| | | | | 8 | 9 | 3 | | |
| | | | 2 | | | | | 8 |
| | 4 | 3 | | | | | | |
| | | | | | 3 | | 4 | 6 |

# #154

| | | | 4 | 8 | | 1 | 9 | |
|---|---|---|---|---|---|---|---|---|
| | 2 | | | | 6 | | 5 | 4 |
| 6 | | | 4 | | 7 | | 9 | |
| 1 | 4 | | | 6 | 9 | 7 | 8 | 5 |
| | | | | | | | | |
| | | 7 | 3 | 9 | | | 6 | |
| | | | | | 3 | | | |
| | 5 | | | | 4 | | | |
| | | | | | | | | |

# #152

| | | | 2 | | 8 | | | |
|---|---|---|---|---|---|---|---|---|
| | | 5 | 3 | | | | 1 | 2 |
| 2 | | | | | | | 9 | |
| | | 2 | | | | | | |
| | 7 | | | | | 6 | | |
| | 3 | | | 7 | 6 | 4 | | 9 |
| 5 | | | | 1 | 2 | | | 6 |
| 4 | 8 | | 7 | | 9 | | | |
| | | | | | | | | |

# #155

| 5 | | | | 2 | 8 | | | |
|---|---|---|---|---|---|---|---|---|
| 7 | | | 1 | 4 | | | | |
| | | | | | 6 | | | |
| | 8 | | | | 4 | | | |
| | 4 | | 7 | | | 2 | 5 | |
| | | 9 | | | | | | |
| | | | | | | | 8 | 1 |
| | | 4 | | 1 | 5 | | | 9 |
| | | 6 | | 8 | 2 | | 7 | 5 |

# #153

| | 7 | 4 | | | | | | |
|---|---|---|---|---|---|---|---|---|
| | | | 7 | | 5 | | | |
| | | 1 | | | 3 | | 5 | 8 |
| | | | 1 | | | | | |
| 4 | | | | 8 | 2 | | | 6 |
| 7 | | 8 | | | | 5 | 4 | |
| | | | | | | | 9 | |
| | | 5 | 2 | 1 | | 3 | | 4 |
| 6 | | | 9 | | | | | |

# #156

| 1 | 7 | | | | 2 | | | 3 |
|---|---|---|---|---|---|---|---|---|
| | | | | | 5 | | 8 | |
| | | 6 | | 8 | | | | 1 |
| | | 3 | | 9 | | | | 2 |
| | | 4 | | 1 | 8 | 9 | | |
| 8 | | | 7 | 3 | 6 | | 5 | |
| | | | | | | | | |
| | | | | 3 | | | | |
| | | | 6 | | | 2 | | 5 |

## #157

```
. . 4 | . 1 . | 3 . .
. . . | 9 4 . | . . 7
. 8 3 | 7 . . | 6 2 .
------+-------+------
1 . . | . . 8 | . . .
. 6 . | . . . | 2 . .
. 2 . | 4 . . | . . 1
------+-------+------
5 . . | . . . | . . .
. . . | . . . | . 4 .
. 2 . | . . 9 | 5 8 6
```

## #158

```
. 7 6 | . 4 . | 5 2 3
9 . . | 8 6 . | . . .
. . . | . . . | . 9 .
------+-------+------
. . . | 9 . . | . . .
. 2 . | . 3 . | . . .
. . . | 2 1 . | . . 7
------+-------+------
. 1 . | . 5 . | 7 . .
. . 3 | 6 . . | . . 2
5 . . | . . . | 9 . 4
```

## #159

```
7 2 5 | 9 . . | 1 . .
. . . | . . . | . . .
. . . | 2 7 1 | 6 . .
------+-------+------
. . . | 8 . . | . . .
3 . . | . . . | . . 6
1 5 4 | . 9 . | 8 . .
------+-------+------
. 7 . | . . . | . 9 .
8 . . | . 3 . | . . .
4 9 . | . . 7 | . 1 2
```

## #160

```
6 . . | . . 2 | . . .
. 4 8 | . . . | . . .
. . . | . 3 4 | . . .
------+-------+------
. 2 . | . 9 5 | . . .
. . 2 | . . . | . . 6
. 1 . | 8 . . | . . .
------+-------+------
. 1 . | . . . | 6 7 .
. 9 4 | . . 1 | . . 8
. . . | . 2 . | . 9 3
```

## #161

```
. 8 5 | . 7 . | . 9 1
. . . | . . . | . . .
. . . | 5 . 1 | . . .
------+-------+------
. . . | 2 . . | . . 5
. . . | 3 . 7 | . . .
. . 4 | 8 . . | 2 1 .
------+-------+------
. . 1 | . . 2 | 8 . .
. 9 . | . 5 3 | 7 . 2
7 2 . | . . . | . . 4
```

## #162

```
2 . . | . 7 . | 8 . .
. . . | . 9 . | . . 4
. 4 6 | 3 . . | 5 . 9
------+-------+------
. 2 . | . . . | 4 7 .
. 3 8 | 9 4 . | . . .
. . . | . . . | . . .
------+-------+------
. . 7 | 1 . 5 | . . .
9 . . | . 2 . | 1 . .
. 8 . | . . . | . . .
```

### #163

| 8 |   | 4 |   |   |   |   |   |   |
|---|---|---|---|---|---|---|---|---|
|   | 5 |   |   | 8 | 9 |   | 4 |   |
| 9 | 7 |   |   | 6 |   |   | 8 |   |
|   |   |   |   |   |   | 6 |   | 1 |
|   |   | 7 | 6 | 3 |   | 2 | 5 |   |
| 4 |   |   |   | 7 | 5 |   |   | 8 |
|   |   | 5 |   |   |   |   |   |   |
|   |   |   | 7 |   |   |   |   |   |
|   |   |   |   |   | 4 | 5 |   | 6 |

### #166

| 5 | 1 | 8 |   |   |   |   | 2 |   |
|---|---|---|---|---|---|---|---|---|
|   |   |   |   |   |   |   |   |   |
|   | 7 | 6 |   |   |   |   | 1 |   |
|   |   |   |   |   |   | 6 | 3 |   |
|   | 6 | 9 |   | 7 |   |   |   |   |
|   |   | 8 |   | 1 |   |   |   |   |
| 9 |   |   |   | 6 |   | 5 |   |   |
|   | 5 |   | 2 |   |   | 7 |   | 1 |
|   |   | 4 | 5 |   |   |   |   | 2 |

### #164

|   | 3 | 4 | 1 |   |   |   |   | 9 |
|---|---|---|---|---|---|---|---|---|
| 5 |   | 9 |   |   |   |   |   |   |
|   |   |   |   | 8 | 4 | 6 | 3 |   |
|   |   |   |   |   |   |   |   |   |
|   |   | 5 |   |   |   |   |   | 8 |
|   |   |   | 7 | 2 |   |   | 9 | 1 |
| 4 | 9 |   |   |   |   |   |   |   |
|   |   |   | 4 |   | 3 |   | 1 |   |
|   |   | 6 | 5 | 9 |   | 8 | 7 |   |

### #167

| 7 |   |   |   | 6 | 1 |   |   |   |
|---|---|---|---|---|---|---|---|---|
|   |   |   | 7 | 5 |   | 8 |   |   |
|   | 9 | 6 | 4 |   |   |   |   |   |
|   |   |   |   |   |   | 5 | 9 |   |
| 2 | 4 |   |   |   |   |   |   |   |
|   |   |   | 8 | 3 |   | 7 |   | 1 |
| 6 | 5 | 8 |   | 2 |   | 9 |   |   |
|   |   |   |   |   |   |   |   |   |
|   |   | 4 |   | 1 | 8 | 2 |   |   |

### #165

| 9 |   | 5 | 4 | 1 |   |   | 2 | 8 |
|---|---|---|---|---|---|---|---|---|
|   |   |   | 2 |   | 3 | 5 | 9 |   |
|   | 4 |   |   |   |   |   | 3 |   |
|   |   |   | 1 | 5 |   |   |   |   |
| 8 |   |   |   |   |   |   |   |   |
|   | 1 |   |   |   |   | 2 | 4 |   |
|   |   | 1 |   |   |   |   |   |   |
|   |   |   | 7 |   |   | 4 | 6 | 1 |
| 5 |   | 4 |   |   |   |   |   | 7 |

### #168

| 6 |   |   |   | 2 |   |   | 4 | 5 |
|---|---|---|---|---|---|---|---|---|
|   |   | 9 | 1 |   |   | 3 |   |   |
|   |   |   | 5 |   |   |   | 1 | 2 |
| 8 | 2 | 3 |   |   |   |   |   | 1 |
|   |   |   | 4 |   |   |   |   |   |
|   |   |   |   | 9 | 8 |   |   |   |
| 7 | 1 |   |   |   |   | 5 | 2 |   |
|   |   |   | 8 |   |   |   | 7 |   |
|   |   |   |   | 5 |   | 4 |   | 9 |

## #169

| 2 |   |   |   |   |   |   |   |   |
|---|---|---|---|---|---|---|---|---|
|   | 1 | 5 | 8 |   |   |   |   |   |
|   |   |   | 3 | 4 |   |   |   |   |
|   | 3 | 6 | 9 | 2 |   | 1 |   |   |
|   |   |   |   |   | 7 | 5 |   |   |
|   |   |   |   | 6 |   | 2 |   | 8 |
| 9 | 8 |   | 5 |   |   | 6 | 2 |   |
|   |   |   |   |   |   |   |   |   |
| 5 | 7 |   |   | 8 |   |   |   | 1 |

## #172

|   |   |   |   |   |   |   |   |   |
|---|---|---|---|---|---|---|---|---|
|   | 5 | 7 | 9 |   | 8 |   | 1 |   |
|   |   |   |   | 6 |   | 7 |   | 2 |
| 6 | 9 |   | 3 |   |   |   |   |   |
| 8 |   |   | 1 | 7 |   | 5 |   |   |
|   |   |   |   |   |   |   |   |   |
|   |   |   | 7 |   |   |   |   |   |
|   | 7 |   |   | 3 | 9 | 8 |   |   |
|   |   | 3 | 5 |   | 4 |   | 6 | 7 |

## #170

|   | 5 | 3 |   |   |   |   |   |   |
|---|---|---|---|---|---|---|---|---|
|   |   |   | 5 |   | 9 | 7 |   |   |
|   | 6 | 8 |   | 7 | 1 |   |   | 4 |
| 8 |   |   | 1 |   | 3 |   |   |   |
|   | 1 |   | 8 | 6 | 5 |   | 3 |   |
|   |   |   | 9 |   |   |   |   |   |
|   |   | 4 | 9 |   | 6 |   |   |   |
|   |   | 5 |   |   |   | 1 | 6 |   |
|   |   |   |   |   |   |   |   | 2 |

## #173

| 6 | 9 | 3 |   | 2 |   |   | 7 |   |
|---|---|---|---|---|---|---|---|---|
|   |   |   |   | 9 |   | 4 |   |   |
|   |   | 8 |   |   |   |   | 2 |   |
|   | 6 |   | 1 |   |   |   |   | 3 |
|   | 2 |   |   |   |   |   |   |   |
|   |   |   |   |   |   |   | 9 | 6 |
|   |   | 4 |   |   |   |   |   |   |
|   | 7 |   |   |   | 5 | 3 | 4 |   |
| 4 |   |   | 3 |   | 9 |   | 8 | 7 |

## #171

|   | 4 |   |   |   | 7 |   |   |   |
|---|---|---|---|---|---|---|---|---|
|   | 8 | 2 | 1 |   |   |   |   |   |
|   |   | 5 |   | 4 | 2 |   |   | 7 |
|   | 9 | 7 | 2 | 8 |   |   |   |   |
|   |   |   |   | 6 | 3 | 2 |   |   |
| 2 |   |   |   | 1 |   | 9 |   | 6 |
|   | 1 | 8 |   |   |   | 4 |   |   |
|   |   |   |   |   |   | 8 |   |   |
|   |   |   | 6 |   |   |   |   | 1 |

## #174

|   | 3 | 5 |   |   |   |   |   |   |
|---|---|---|---|---|---|---|---|---|
| 4 |   |   |   | 2 |   |   |   |   |
|   |   | 7 |   | 5 |   | 9 | 4 | 6 |
| 3 |   |   |   |   |   | 8 |   |   |
|   |   | 9 |   |   | 2 |   |   |   |
|   |   |   |   | 7 |   |   | 9 | 1 |
| 5 | 6 |   |   | 3 |   |   |   |   |
|   |   | 2 | 5 |   |   | 7 |   |   |
|   |   | 7 | 3 | 9 |   |   |   | 4 |

## #175

| | 1 | | | 2 | | | | 3 |
|---|---|---|---|---|---|---|---|---|
| | | | | | | | | 6 |
| 2 | | | | 3 | | 8 | 1 | |
| | | | | | | | | |
| 5 | | | 6 | | | | | |
| | | 3 | | 5 | | 4 | 2 | 1 |
| 8 | | 2 | | | 9 | | | 4 |
| | | 1 | 7 | | | | | |
| 4 | 7 | | | | | 3 | 6 | 8 |

## #178

| 6 | | | 4 | | | | | 9 |
|---|---|---|---|---|---|---|---|---|
| 5 | 4 | | | | | | | |
| | | | 8 | | | | 3 | 7 |
| | 2 | 1 | 9 | 3 | | | | |
| | | | | | | | | |
| 9 | | | | | | 6 | 1 | |
| | | | | 5 | | | | |
| | 9 | 2 | | 7 | | | | |
| | 3 | | 6 | 1 | | | 9 | 2 |

## #176

| 6 | 8 | 5 | | | | | | |
|---|---|---|---|---|---|---|---|---|
| 7 | | 9 | 6 | | | 3 | | |
| | | 2 | | 4 | | | | 6 |
| 8 | 3 | | | | 9 | | | 2 |
| | | | | | 9 | | | |
| | | 6 | 5 | | 3 | | | 8 |
| 9 | | | | | | | | |
| | | | | 6 | 4 | | | |
| | | | | 5 | 8 | | | 9 |

## #179

| 2 | 5 | | | 8 | | | 4 | 9 |
|---|---|---|---|---|---|---|---|---|
| | | 8 | 4 | | | | | |
| | | | 5 | | | 3 | | |
| | | | | | | 6 | 2 | |
| | | | | | | | | 1 |
| 9 | 1 | 6 | | 7 | | | | |
| | | 4 | | | | 9 | 5 | |
| 7 | | | 5 | | | | | 4 |
| 5 | 3 | | | 8 | | 2 | | 7 |

## #177

| | | | | | | | | |
|---|---|---|---|---|---|---|---|---|
| 3 | 7 | | | | | 2 | | |
| | | 1 | 6 | | 9 | 3 | | 7 |
| | 3 | 5 | | | | | | |
| 9 | | | | | | 7 | 1 | 6 |
| | 2 | | 9 | | | | 3 | |
| | | 6 | | 3 | 8 | 1 | | |
| | | | | 4 | | | | |
| | | | | 5 | | | 7 | 9 |

## #180

| 3 | | 1 | | | 7 | | 4 | |
|---|---|---|---|---|---|---|---|---|
| | 5 | 7 | 3 | | | | | 1 |
| | 4 | | 6 | | | | | 7 |
| | | | | | | 2 | | |
| | | | | 9 | 7 | | | 8 |
| | | | 2 | 1 | | 9 | | |
| | 6 | | | | | | | |
| 1 | | | 8 | 5 | | | | |
| | | | | 3 | | | 5 | 2 |

## #181

| | | | | | | | | |
|---|---|---|---|---|---|---|---|---|
| | 9 | | 8 | | | | | 1 |
| | | | 7 | | | | | |
| 1 | | | | 9 | 5 | | 2 | |
| 2 | | 3 | 4 | | | | | |
| | | | | | | 9 | | 4 |
| | | | | | | | | 8 |
| | | 6 | 1 | | 3 | 5 | 7 | |
| | | | | | 6 | 1 | | |
| | 2 | | 5 | 4 | | | | 9 |

## #184

| | | | | | | | | |
|---|---|---|---|---|---|---|---|---|
| | 4 | | | | | | | |
| | | 5 | | | | | | 6 |
| 3 | | 2 | | | 7 | | 5 | |
| | | | 8 | | | | 4 | |
| | 5 | 6 | | 9 | 4 | 7 | | 3 |
| | | 9 | 2 | 6 | | | | |
| 1 | | | | | | | | 5 |
| | | 8 | | | 4 | | | |
| | | | | 3 | | 8 | 9 | 7 |

## #182

| | | | | | | | | |
|---|---|---|---|---|---|---|---|---|
| 8 | | | | 5 | | | | 3 |
| 1 | | | | 8 | | | 6 | 5 |
| 2 | 4 | | 7 | | | | 9 | |
| | 7 | | 4 | | | | | |
| 9 | | | | | | | | |
| | | | 9 | | 2 | | 5 | 7 |
| 6 | | | 8 | 2 | | 1 | 7 | |
| | 2 | 4 | | | | | | |
| | | | | | | | | |

## #185

| | | | | | | | | |
|---|---|---|---|---|---|---|---|---|
| 6 | | | | | | | | 8 |
| | 1 | | 2 | | | 7 | | 4 |
| 4 | 5 | | | | | | | |
| | | | 8 | | | | 3 | |
| | 9 | | | | | | | |
| | | 2 | | 9 | | 6 | | |
| 9 | 7 | 6 | 3 | 5 | | | | |
| | | | | | 9 | | | |
| | 8 | | | 7 | | 2 | | 5 |

## #183

| | | | | | | | | |
|---|---|---|---|---|---|---|---|---|
| 8 | 6 | | | | | | 7 | 3 |
| | | 3 | | | | | | |
| | | 1 | | | | 8 | 2 | |
| | | 2 | | | 7 | | 3 | |
| 7 | | | 4 | | | 2 | | |
| | | | 8 | 9 | | | | |
| | | | | | 8 | | | |
| | | | 6 | 1 | | | | 7 |
| | | 3 | 1 | 2 | | | 6 | 9 |

## #186

| | | | | | | | | |
|---|---|---|---|---|---|---|---|---|
| | | | | 9 | | 2 | 7 | |
| 6 | 7 | | | 3 | | 9 | | 8 |
| | | | | | | | | |
| | | | | | 5 | | 9 | 3 |
| 7 | 5 | 6 | | | | 8 | | |
| 3 | | | | 7 | | | | |
| | | | 1 | | | | | |
| | 8 | | | | 6 | | 4 | 9 |
| 5 | 6 | 4 | | | 7 | | | |

## #187

| | | | | 6 | 2 | | | 3 |
|---|---|---|---|---|---|---|---|---|
| 6 | | 8 | 3 | 5 | | | 7 | |
| 3 | | | | | | | | 6 |
| | | | | | 8 | 2 | 9 | |
| | | | | | 1 | | | |
| | 1 | | | | 7 | | | 5 |
| | | 2 | | | 6 | 9 | 8 | |
| | | | 5 | 9 | | | | |
| | | 9 | | | | | | |

## #190

| 1 | 5 | | | 8 | 2 | | | |
|---|---|---|---|---|---|---|---|---|
| | | 7 | | | 6 | | | 5 |
| | | | 5 | | | 4 | | |
| | 3 | 6 | | | | 9 | | |
| | | | | | | | 2 | |
| 8 | | | 4 | 6 | 9 | | | |
| 3 | 1 | 8 | | | | | | |
| | | | | 5 | | | | 6 |
| | | | | | | 7 | 8 | 3 |

## #188

| 3 | | | | | | 8 | | 7 |
|---|---|---|---|---|---|---|---|---|
| 6 | | | | | | | | |
| 2 | | | | 3 | | 6 | | |
| | | | 6 | 3 | | 9 | | |
| 8 | 5 | 9 | | | 4 | | 1 | 3 |
| | | | | | | | | |
| | 2 | 6 | | | | 5 | | |
| | | | 7 | | 1 | 2 | 9 | |
| | | 7 | | | 6 | | | 8 |

## #191

| 5 | 7 | | | | | | | |
|---|---|---|---|---|---|---|---|---|
| | 8 | | | 4 | | | 6 | |
| | 6 | 3 | | | 1 | | | 7 |
| 9 | 3 | | 4 | 1 | 7 | | 8 | |
| | | 5 | | | 6 | | 4 | |
| | | | | | | | | |
| | | | | | | | | 8 |
| 7 | | | 1 | 9 | | 6 | | |
| | 4 | | 6 | 8 | | | | |

## #189

| 7 | 5 | 4 | | | 9 | 1 | | 6 |
|---|---|---|---|---|---|---|---|---|
| 6 | | | | | | | 9 | |
| | | | | | | | 4 | |
| | | | 3 | | | | | |
| 3 | 7 | | 2 | | | | | |
| | | | | 7 | | | 5 | 9 |
| | | 2 | 8 | | | | | |
| | | 6 | | 1 | | | | 7 |
| 5 | 4 | 7 | 6 | | | | | 8 |

## #192

| 2 | | | 7 | | | | 1 | 4 |
|---|---|---|---|---|---|---|---|---|
| | | 7 | | | | | 2 | 8 |
| | | | 6 | | | | | |
| | 2 | | | | | | | |
| | | | 9 | | 1 | | 5 | |
| 1 | 4 | | | | | | | 9 |
| | 8 | | 4 | 1 | 2 | 9 | 6 | |
| | | | | | 9 | 4 | | |
| | | | | | 3 | 5 | | 1 |

### #193

| | | | | | | | | |
|---|---|---|---|---|---|---|---|---|
| 9 | | | | 1 | | | | |
| | | | 9 | | | | 8 | 1 |
| | | | 5 | | 8 | | 7 | 6 |
| | | 2 | 3 | | 4 | | | |
| | | | | 7 | 5 | | | 3 |
| | 3 | 5 | 2 | | | | | |
| 4 | | 8 | | | | 6 | | |
| | | | 2 | 1 | | 5 | | |
| | | | | | | 1 | 9 | |

### #196

| | | | | | | | | |
|---|---|---|---|---|---|---|---|---|
| | | | | 1 | | | | |
| | | | 8 | 9 | | | | 7 |
| | | 9 | | | 6 | | | 1 |
| | | 7 | | | 3 | | 1 | 8 |
| | | 8 | 7 | | | 5 | | 9 |
| 9 | | | | | | 7 | | |
| | 2 | | | | | | | 3 |
| | 6 | | 4 | | | 2 | | |
| | | | 6 | | | | | |

### #194

| | | | | | | | | |
|---|---|---|---|---|---|---|---|---|
| | 4 | 7 | | 2 | | 3 | 8 | |
| | 6 | | 7 | | | | 5 | |
| | | | 8 | 4 | | | | 9 |
| 6 | | | 4 | | | | | |
| | | | | | | 7 | | |
| 2 | | 9 | 8 | 3 | 7 | | | |
| | | | | | | | | |
| | | | | | 3 | 5 | | |
| 7 | 2 | 3 | | | | 4 | | 6 |

### #197

| | | | | | | | | |
|---|---|---|---|---|---|---|---|---|
| | | | | | 9 | | 4 | |
| | | | | | | | | 3 |
| | 9 | 1 | 7 | 2 | | | | |
| 4 | | | 2 | | 1 | | | |
| | | | | | | 1 | | |
| | 3 | 6 | 9 | 4 | | | | |
| 2 | | | | | 5 | 9 | | |
| 8 | | 5 | 6 | | | | | 2 |
| 9 | 6 | 4 | | | | | | |

### #195

| | | | | | | | | |
|---|---|---|---|---|---|---|---|---|
| | | 9 | 4 | | | 6 | | |
| | | | | 7 | | | | |
| 4 | | | | | 5 | | | 9 |
| | | 3 | | 5 | 2 | | 7 | |
| | 7 | 5 | | | | 8 | | |
| 6 | | 4 | | | 1 | 5 | 9 | |
| | | 6 | | 2 | 8 | | | |
| | | | 6 | | | 3 | | |
| | | | | | | | | 4 |

### #198

| | | | | | | | | |
|---|---|---|---|---|---|---|---|---|
| | | | | | | 3 | | 7 |
| 6 | | | | 5 | 2 | | | |
| | 1 | | | | | | | 5 |
| 2 | | 6 | 1 | 9 | | | | |
| | | 7 | | | | | | |
| | 5 | | 6 | | | 1 | | 8 |
| | 8 | 2 | 1 | | | | | |
| | 4 | 2 | | | 3 | 5 | | 6 |
| | | | | | | | | 9 |

## #199

| 2 |   |   |   | 4 | 8 |   |   |   |
|---|---|---|---|---|---|---|---|---|
| 4 | 7 | 6 |   |   |   |   |   |   |
|   | 8 |   |   |   |   |   |   |   |
|   |   | 9 | 3 |   |   |   |   |   |
|   |   |   | 6 | 1 |   |   | 8 | 5 |
|   |   |   |   | 7 |   |   | 9 |   |
| 9 |   |   |   |   | 4 |   | 1 | 8 |
|   | 6 | 4 | 1 |   |   | 9 |   |   |
|   |   | 3 |   |   |   |   |   | 6 |

## #202

|   |   |   |   |   | 9 |   |   |   |
|---|---|---|---|---|---|---|---|---|
| 4 | 6 | 3 |   |   |   |   |   |   |
|   |   |   |   |   |   |   | 7 | 4 |
| 7 | 9 |   |   | 1 |   |   |   |   |
|   | 1 | 6 |   |   |   |   |   | 9 |
|   |   |   | 9 | 7 |   |   |   | 8 |
|   | 5 |   |   |   |   | 9 |   |   |
|   |   | 4 |   |   |   |   |   | 1 |
| 2 |   |   | 4 | 6 |   |   | 3 | 5 |

## #200

|   | 2 |   |   |   |   |   |   |   |
|---|---|---|---|---|---|---|---|---|
|   |   | 6 | 3 |   | 7 |   |   |   |
|   |   |   |   | 1 |   | 9 | 2 |   |
|   | 4 |   |   |   |   | 5 |   |   |
|   |   | 7 | 4 |   | 6 | 1 |   | 8 |
| 3 |   |   |   |   | 2 |   |   | 9 |
|   |   |   | 1 |   |   |   |   |   |
|   |   |   | 2 | 4 | 5 | 7 | 9 | 6 |
|   |   |   |   | 6 | 3 | 4 |   |   |

## #203

|   | 8 | 4 |   | 3 |   |   |   |   |
|---|---|---|---|---|---|---|---|---|
|   |   |   |   | 5 | 4 | 2 |   |   |
| 2 |   |   |   |   |   |   |   |   |
|   | 9 |   | 7 |   |   |   | 3 |   |
| 8 |   |   | 3 | 9 | 4 | 5 |   | 2 |
|   | 1 |   |   |   |   | 5 |   | 7 |
|   | 4 |   |   |   | 1 |   |   | 3 |
| 5 | 3 |   |   |   |   |   | 8 |   |
|   |   |   |   |   |   |   |   | 6 |

## #201

|   | 6 |   |   | 5 | 2 |   | 3 |   |
|---|---|---|---|---|---|---|---|---|
|   |   | 8 |   |   | 6 |   | 9 |   |
|   |   |   |   |   |   |   |   |   |
| 8 |   |   |   | 7 |   |   |   |   |
|   |   |   |   |   |   |   |   | 7 |
|   | 2 |   |   | 3 |   |   | 6 |   |
|   | 8 |   |   |   | 3 | 6 |   |   |
|   |   |   | 9 |   |   | 5 | 1 | 8 |
| 5 | 4 |   | 1 |   |   |   |   | 9 |

## #204

|   |   |   |   |   |   |   |   |   |
|---|---|---|---|---|---|---|---|---|
|   | 1 |   |   |   |   | 4 |   |   |
| 3 |   |   | 8 |   |   |   |   | 6 |
|   |   |   |   |   |   | 7 |   |   |
|   |   |   | 1 | 3 | 5 |   |   |   |
| 6 | 4 |   |   |   |   |   | 3 | 9 |
|   |   | 5 |   |   | 4 |   | 1 |   |
|   |   | 1 | 6 |   |   | 2 | 9 |   |
|   |   |   |   |   | 9 | 6 |   | 8 |

## #205

| 7 |   |   |   |   |   |   | 9 |   |
|---|---|---|---|---|---|---|---|---|
|   |   | 6 |   |   |   |   | 4 | 1 |
|   |   | 4 |   |   | 3 |   |   |   |
|   |   |   | 5 |   |   |   | 3 | 8 |
| 8 | 5 |   |   |   |   | 2 |   | 6 |
|   |   |   |   |   |   |   |   |   |
|   |   |   | 9 |   |   |   |   | 2 |
|   | 9 | 1 |   |   | 4 |   |   | 3 |
|   |   |   |   | 2 | 8 |   | 5 | 9 |

## #208

| 8 | 2 |   |   | 1 |   |   |   |   |
|---|---|---|---|---|---|---|---|---|
| 9 | 1 | 5 |   |   |   |   |   |   |
|   |   |   |   |   |   | 7 |   |   |
|   |   |   |   |   |   | 2 | 6 | 8 |
|   |   | 2 | 8 | 4 | 1 |   |   | 3 |
|   | 3 |   |   |   |   |   |   |   |
|   |   |   |   | 6 |   |   |   |   |
|   |   |   | 1 | 3 |   |   |   |   |
|   |   |   | 5 |   | 7 | 6 | 8 | 4 |

## #206

| 6 | 9 |   |   |   |   |   |   | 1 |
|---|---|---|---|---|---|---|---|---|
|   | 4 |   | 2 |   |   |   | 7 |   |
|   | 5 | 8 | 4 |   |   |   |   |   |
| 4 | 6 |   |   | 8 |   |   |   |   |
|   |   |   |   |   |   |   |   | 3 |
|   |   | 3 |   |   | 1 | 9 |   | 8 |
|   |   |   |   |   | 8 | 2 | 6 | 7 |
|   |   |   |   |   |   |   |   |   |
|   |   |   | 1 | 6 | 2 |   |   |   |

## #209

| 9 |   | 2 | 1 | 8 | 4 |   | 5 |   |
|---|---|---|---|---|---|---|---|---|
|   |   |   |   | 2 |   |   |   |   |
| 4 |   | 6 |   | 7 |   | 3 | 8 |   |
|   |   |   |   | 5 |   |   |   |   |
|   | 7 |   |   |   | 2 |   |   |   |
|   |   |   |   | 3 |   |   | 2 | 1 |
| 5 | 4 |   | 6 |   |   |   |   |   |
| 1 |   |   |   |   |   |   |   | 5 |
| 3 |   |   |   |   |   |   | 4 | 7 |

## #207

| 1 | 3 | 8 |   |   |   |   |   |   |
|---|---|---|---|---|---|---|---|---|
|   |   |   | 2 |   |   |   | 1 |   |
|   |   |   |   |   |   | 4 | 3 |   |
| 7 | 9 |   |   | 1 | 8 | 4 |   |   |
|   |   |   |   |   |   |   |   |   |
|   |   |   | 9 |   | 5 |   |   |   |
|   | 6 |   | 7 |   |   | 2 |   |   |
|   | 5 | 1 |   | 9 |   |   |   |   |
|   | 1 |   | 2 | 6 | 3 |   |   | 4 |

## #210

| | 1 | 9 | 3 | 5 |   |   |   |   |
|---|---|---|---|---|---|---|---|---|
|   |   | 6 | 9 | 8 |   |   |   |   |
|   |   |   |   |   |   | 8 |   |   |
|   | 4 |   |   |   |   | 1 |   |   |
| 3 |   |   |   | 2 | 9 | 6 |   |   |
|   | 9 |   | 1 |   | 8 | 3 |   |   |
|   |   | 4 |   |   |   | 2 | 3 |   |
| 9 |   | 3 | 7 |   |   |   |   |   |
|   |   |   |   | 6 |   |   |   |   |

## #211

| | | | | | | | | |
|---|---|---|---|---|---|---|---|---|
| 9 | | | | 2 | | | | |
| | | 1 | | | 6 | 2 | | |
| 7 | | | | | 8 | | 9 | 1 |
| | 3 | | | | | 6 | | |
| | | | | | | | | 4 |
| | | 7 | 6 | | 9 | 8 | | |
| | | | | | | 7 | | |
| | | | 7 | 5 | 3 | 9 | 4 | 6 |
| | | | 8 | 1 | | | | 3 |

## #214

| | | | | | | | | |
|---|---|---|---|---|---|---|---|---|
| | 1 | | | | | | 4 | 2 |
| | 8 | | | 3 | | | | |
| | | | | | | 6 | 3 | |
| 6 | | 8 | | | 4 | 7 | 1 | |
| 9 | 5 | 2 | 6 | | | | | 3 |
| 1 | 7 | | | | 8 | | | |
| | | | 7 | | | | | 1 |
| | 9 | 5 | | | | | | |
| | | | | | 2 | | | 6 |

## #212

| | | | | | | | | |
|---|---|---|---|---|---|---|---|---|
| 3 | 9 | | | | 5 | | | 2 |
| 5 | | | | 1 | 2 | 3 | 9 | 8 |
| | | | | | | | | |
| | | | | 1 | 5 | | | |
| 8 | | | 6 | | | | | |
| 4 | | 1 | 7 | | | | | |
| | | | | | | | 1 | |
| | | | | | 9 | | | |
| | | 5 | 2 | 8 | 3 | | | 4 |

## #215

| | | | | | | | | |
|---|---|---|---|---|---|---|---|---|
| | | | | | 4 | | | 6 |
| | 4 | 8 | | | | 9 | 5 | 1 |
| 9 | | 5 | | | | | | |
| | | | | 8 | | | | 4 |
| | 2 | | | | 7 | | | 8 |
| | | 9 | | 2 | | | 1 | |
| 1 | 5 | | | | | | | |
| | | | 3 | 1 | | | 8 | |
| 6 | | | | | | 1 | 2 | 9 |

## #213

| | | | | | | | | |
|---|---|---|---|---|---|---|---|---|
| 8 | | | 3 | | | | | 4 |
| | | | | 7 | 9 | | | 5 |
| | 4 | 9 | 5 | 6 | | | | |
| 1 | | | 7 | | | | | 2 |
| 2 | | | | 3 | | 7 | | |
| | | 6 | | | | | | |
| 7 | | | | | | | | |
| 4 | | 2 | | | | | | 3 |
| 9 | | 3 | 8 | | 2 | | 1 | |

## #216

| | | | | | | | | |
|---|---|---|---|---|---|---|---|---|
| 4 | 8 | 9 | 6 | | | | | 7 |
| 2 | | | | | | 1 | | |
| | | | | 3 | | | 9 | |
| | 5 | 8 | | | 1 | | | 9 |
| | | | 7 | | | | 1 | 3 |
| 9 | 1 | | | 6 | | | | |
| | | | | | | | | |
| | 7 | 5 | | 9 | | 3 | | |
| | | | | | | 6 | 7 | 8 |

## #217

| 4 |   | 3 |   | 8 |   |   |   |   |
|---|---|---|---|---|---|---|---|---|
| 8 |   |   | 5 |   | 7 |   |   | 2 |
|   |   |   |   | 2 |   |   |   | 9 |
|   |   |   |   |   | 3 |   |   |   |
|   |   | 2 |   |   |   |   |   | 7 |
| 7 |   |   |   |   | 2 | 8 | 9 |   |
| 6 | 8 |   | 7 |   |   |   |   |   |
|   | 9 | 5 |   |   |   |   |   |   |
|   |   |   |   | 5 |   |   | 4 | 1 |

## #220

| 6 |   |   |   |   |   |   |   | 2 |
|---|---|---|---|---|---|---|---|---|
|   | 2 |   |   | 3 |   | 5 |   |   |
| 8 | 3 |   |   |   |   |   | 7 |   |
|   |   |   |   |   |   |   |   |   |
|   |   |   |   |   |   | 2 | 9 | 1 |
|   |   | 2 | 7 | 4 |   |   | 5 | 6 |
| 1 | 5 |   | 4 | 7 |   |   |   |   |
|   |   |   |   |   |   |   |   |   |
|   | 9 |   |   |   | 2 | 8 |   | 4 |

## #218

| 9 |   |   |   | 5 |   |   |   |   |
|---|---|---|---|---|---|---|---|---|
|   |   |   | 8 |   | 3 |   | 5 |   |
| 6 |   | 5 |   |   |   |   | 8 | 3 |
|   |   |   |   |   |   |   |   | 5 |
|   |   | 7 | 9 | 8 |   |   |   | 1 |
|   |   | 9 | 5 |   |   | 3 | 6 | 8 |
|   | 3 |   |   |   | 6 |   |   |   |
|   |   |   | 2 | 7 |   |   |   |   |
|   | 2 | 1 |   | 6 |   |   |   |   |

## #221

| 4 |   | 3 |   | 5 |   | 1 |   |   |
|---|---|---|---|---|---|---|---|---|
|   | 8 |   | 3 |   |   | 9 |   |   |
|   |   |   |   |   |   |   |   | 4 |
| 1 | 7 | 4 |   | 3 |   |   |   |   |
|   |   |   |   |   |   |   |   | 2 |
|   |   |   |   |   |   | 1 |   |   |
|   |   |   |   | 1 | 2 | 9 |   |   |
|   |   | 2 |   | 4 | 7 | 3 | 5 |   |
|   |   | 6 |   | 9 |   |   | 4 | 7 |

## #219

|   |   | 5 | 8 |   |   |   |   | 7 |
|---|---|---|---|---|---|---|---|---|
|   |   |   | 5 | 9 | 2 |   | 3 |   |
|   | 9 |   |   |   |   | 4 |   |   |
|   | 6 | 8 |   | 2 |   |   |   |   |
| 4 |   |   |   | 5 |   |   |   |   |
|   |   | 1 |   |   |   | 6 | 5 | 4 |
| 1 |   |   |   | 7 | 6 | 3 |   |   |
|   |   |   |   |   |   |   | 8 |   |
| 3 |   |   |   |   | 9 |   |   | 1 |

## #222

|   |   |   |   |   |   |   |   | 4 |
|---|---|---|---|---|---|---|---|---|
|   |   | 9 |   |   |   |   |   |   |
|   | 1 | 6 |   | 9 | 7 |   |   | 3 |
|   |   |   | 2 |   | 9 |   |   |   |
| 5 | 2 |   |   |   |   |   |   | 1 |
|   |   | 4 |   | 1 | 3 |   | 2 | 6 |
| 9 | 7 | 3 | 8 | 4 | 2 |   |   |   |
|   |   | 5 | 9 |   |   |   |   |   |
|   |   |   |   |   | 6 | 3 |   |   |

## #223

| | | | | | | | 5 | 7 |
|---|---|---|---|---|---|---|---|---|
| 6 | | 4 | | 7 | | | | |
| | | | | | 8 | | | |
| 9 | 3 | 8 | | | | | | |
| | 7 | | | | 3 | 2 | 6 | |
| | | | | | 4 | | | |
| | 4 | | 3 | | | | 2 | |
| | | | 5 | 8 | 6 | | 3 | |
| 5 | | | 1 | 4 | | | | 6 |

## #226

| 8 | | | | | | 9 | 5 | |
|---|---|---|---|---|---|---|---|---|
| | | | 9 | | 5 | | | |
| | | 3 | 4 | | | | | |
| | | | | | 7 | 3 | | 9 |
| 7 | | | | 3 | | 4 | | 6 |
| 3 | 6 | | | | | | | 4 |
| 1 | | 8 | | 7 | | | | |
| | | | 1 | | 9 | | | |
| | 2 | | | | | 7 | | 8 |

## #224

| | | | | | | 1 | | |
|---|---|---|---|---|---|---|---|---|
| 2 | | | | | | | | 8 |
| 1 | 8 | 9 | | 5 | 7 | | 2 | |
| | | 3 | | 6 | 2 | | 8 | 7 |
| 4 | | | 9 | | | 2 | 6 | |
| | | | 1 | | | | | |
| 7 | | | | | 6 | 9 | | |
| | 3 | 1 | | | | | | |
| | | 4 | | | 5 | | | |

## #227

| 2 | | | | | | 3 | 5 | |
|---|---|---|---|---|---|---|---|---|
| | | 7 | | 4 | | 8 | 6 | |
| 9 | 1 | | | | | | | |
| | | | 1 | 9 | | | | 7 |
| | 8 | | 3 | 7 | | | | |
| | 3 | | | | | | | |
| | | | | 2 | 7 | | | |
| | | 1 | 7 | | | 5 | | |
| | | | | 8 | | | | 4 |

## #225

| | 4 | 1 | | | | | | 9 |
|---|---|---|---|---|---|---|---|---|
| | | | 7 | | 6 | 2 | | |
| | | | | | | 7 | | |
| | | | | 9 | | | | 3 |
| 9 | 7 | | | 4 | | | | 1 |
| | | | 3 | | | | | 8 |
| 3 | | 6 | 1 | | | 4 | | |
| 5 | | | | | 2 | | | |
| | | 9 | | | | | | |

## #228

| | 6 | | | | | | | |
|---|---|---|---|---|---|---|---|---|
| 4 | | | | | | | | |
| | 5 | 2 | 9 | 8 | | | | |
| | | | | | | 5 | 7 | 4 |
| | 2 | | | 6 | | | | 3 |
| | | | | 4 | 3 | | 9 | |
| | | 2 | | | | | | 9 |
| | 1 | 9 | 7 | 5 | | 2 | | |
| | | | | | | 4 | 1 | 7 |

## #229

| | | | | | | | | |
|---|---|---|---|---|---|---|---|---|
| | 2 | | | | | | 5 | |
| 1 | | | 5 | 4 | | | | |
| | | | | | | 8 | 4 | 7 |
| 7 | 1 | | 4 | | 6 | | | |
| | | | | | | | 1 | |
| | 8 | | | | | 4 | 3 | 9 |
| 3 | | | | 5 | 8 | 6 | | |
| | | 5 | 6 | | | | 7 | |
| | | 2 | | | 3 | | | |

## #232

| | | | | | | | | |
|---|---|---|---|---|---|---|---|---|
| | | | 3 | | | | | |
| | | 4 | | | | | 2 | 9 |
| | 1 | | | 6 | 5 | | | |
| | 6 | | | 3 | | 1 | | |
| | | | | | 4 | 9 | | 8 |
| 7 | | | | | | 3 | | |
| | | | 2 | 9 | | | 7 | |
| 2 | | | 6 | | | 8 | | |
| | 9 | | 1 | | 8 | | | |

## #230

| | | | | | | | | |
|---|---|---|---|---|---|---|---|---|
| 3 | 7 | 4 | | | | | | |
| | | | | | | 9 | | |
| 1 | | | 4 | 2 | | | 3 | |
| | 6 | | | 5 | | | | 3 |
| | 1 | | | | 7 | | | 9 |
| | | 5 | 3 | 9 | | | | 8 |
| 6 | | 9 | 1 | 4 | | | | |
| | | | | | 4 | | | |
| 7 | | | | | | | | 5 |

## #233

| | | | | | | | | |
|---|---|---|---|---|---|---|---|---|
| 6 | 8 | | | 5 | | | | 4 |
| 7 | | | 6 | | | | | 9 |
| | | | 9 | 4 | | | | |
| | | | 3 | | | | | |
| 9 | 5 | | | | | 6 | | |
| | 2 | | | | 6 | 1 | 7 | |
| 1 | | 7 | | 3 | | 9 | | |
| | | | 4 | | | | | |
| | | | 7 | | | 8 | | |

## #231

| | | | | | | | | |
|---|---|---|---|---|---|---|---|---|
| 5 | 9 | | | | | | 7 | |
| | | | 2 | | | | | 6 |
| | 1 | | | | | | | 8 |
| | 4 | 7 | 1 | | 2 | | | |
| | | | | 8 | 4 | | | |
| 1 | | 2 | 5 | | | | | |
| | | | | 2 | | 6 | | 3 |
| 4 | 8 | | 3 | | 6 | | 1 | 2 |
| 6 | | | | | | | | 7 |

## #234

| | | | | | | | | |
|---|---|---|---|---|---|---|---|---|
| | 6 | 3 | 5 | | | | | |
| 2 | | | | 8 | | | | 5 |
| 9 | | | | | | | | 1 |
| | | 8 | | | | | | |
| 1 | | | | 4 | 5 | 6 | | |
| 4 | 9 | | | 1 | 7 | 3 | | |
| | | | | | | | 4 | |
| | | | 6 | 1 | 7 | | 8 | |
| | 7 | 1 | | 3 | | | | |

## #235

| | | | | | | | | |
|---|---|---|---|---|---|---|---|---|
| | 7 | 3 | 4 | | | | 9 | |
| 1 | 6 | | | | | | | |
| | | | | | | | | |
| | | | 9 | | 3 | | | |
| | 4 | | 6 | 1 | | | | 2 |
| 3 | | 7 | 8 | 2 | | | | |
| | | | 1 | | | 6 | 3 | |
| | | 8 | | | | 7 | | |
| | 2 | | 3 | | | 8 | | 4 |

## #238

| | | | | | | | | |
|---|---|---|---|---|---|---|---|---|
| | | 8 | | 2 | | 4 | | |
| 3 | | | | | | 1 | 8 | 6 |
| | | | | | | | 2 | 9 |
| 1 | | | | | | | | |
| 9 | 5 | 2 | | | 8 | | | |
| | | | | 9 | 3 | | 1 | |
| 2 | 1 | | | 4 | 5 | | | |
| | | 3 | | | 7 | | 4 | 5 |
| | | | | | 2 | | | |

## #236

| | | | | | | | | |
|---|---|---|---|---|---|---|---|---|
| | | 2 | 1 | | 8 | 9 | 5 | |
| 3 | | | | 2 | | 6 | | |
| | | | 9 | | 5 | 3 | 7 | |
| | 3 | 6 | | | | 8 | 1 | |
| | | | | 1 | | | | |
| 6 | | 8 | | 4 | | 1 | | |
| | | 5 | | | | | | |
| | | | | | | | | |
| | 9 | | | | | 5 | 6 | 3 |

## #239

| | | | | | | | | |
|---|---|---|---|---|---|---|---|---|
| | 6 | | | | | 2 | | |
| | 7 | | | 9 | | | | 1 |
| 3 | | 1 | | 6 | 7 | 5 | 9 | |
| | | | | | | 1 | | 5 |
| | 2 | 6 | 4 | 1 | | | | |
| | | | 7 | | | | | |
| | | | | | | | | 9 |
| 5 | 8 | 4 | | | | | | |
| | | | | | | 8 | 5 | 7 |

## #237

| | | | | | | | | |
|---|---|---|---|---|---|---|---|---|
| 2 | | 5 | | | | 6 | | 8 |
| | | | | | 2 | | | |
| | | | 6 | | 9 | 1 | 5 | |
| 1 | 2 | | | | | | | |
| 8 | 3 | 4 | 5 | 1 | | | | |
| | | | 4 | | | | | |
| | | | | | | | | 5 |
| | | 3 | | 7 | | | 1 | |
| | | 8 | | | 4 | | 7 | 6 |

## #240

| | | | | | | | | |
|---|---|---|---|---|---|---|---|---|
| | | | | | 3 | 9 | | 5 |
| 8 | 9 | | 6 | 4 | | | | |
| | | | | 1 | | 6 | | |
| | 5 | | | 6 | | 1 | | 3 |
| 9 | 2 | 8 | 3 | | | | | |
| | 1 | 3 | | | | | | |
| | | | | | 5 | | | |
| | | | | | | 7 | | 1 |
| 3 | 7 | | 2 | | | | | |

## #241

| | | | | | | | 9 | 2 |
|---|---|---|---|---|---|---|---|---|
| | | | 6 | | | 3 | | |
| 4 | | | | | | | | |
| | 1 | | 5 | | | | | 7 |
| | 2 | | | | 3 | 1 | 8 | 6 |
| 6 | 4 | | | 8 | 7 | | | |
| | | | | | 5 | | | |
| 7 | | | 5 | | | | 4 | 9 |
| | | 2 | | | 9 | | 1 | 3 |

## #244

| | | 4 | 3 | | | | | 8 |
|---|---|---|---|---|---|---|---|---|
| | 6 | | | | 5 | | 4 | |
| | 5 | | | 2 | 6 | 9 | | |
| 9 | | | | | | | | 3 |
| | | 8 | 9 | 3 | | 6 | | |
| 5 | | | | | 8 | | | |
| | | | 6 | | | | | |
| | 9 | | | | | | | 4 |
| | 1 | | 2 | 9 | | 3 | | |

## #242

| 9 | 2 | 6 | | | | | | |
|---|---|---|---|---|---|---|---|---|
| | | | | 4 | | | | |
| | | 3 | | | | 5 | 7 | |
| | | 2 | | | 3 | 6 | | |
| | | | | | | | 4 | |
| 7 | | | 9 | 8 | | | | |
| | 3 | | | 1 | 5 | | 6 | |
| 4 | 1 | 5 | | | 6 | 7 | | |
| | | | | | | | 9 | 5 |

## #245

| | | | | | | 8 | | |
|---|---|---|---|---|---|---|---|---|
| | 4 | 8 | | | 2 | | | |
| 6 | | | | | | | | |
| | | | 8 | | 4 | | | |
| 1 | | | | 6 | | | 5 | 7 |
| 8 | | | 1 | | | | | 6 |
| | 3 | 2 | | | 8 | 9 | | |
| | | | 6 | | 9 | 4 | 3 | 2 |
| | | | | 5 | | | | |

## #243

| | | 7 | 8 | | | | | 1 |
|---|---|---|---|---|---|---|---|---|
| 6 | | 2 | 7 | | | 8 | | |
| | | | | | 3 | 2 | | |
| | | | | | 8 | | | 3 |
| | | | 4 | | | | | 9 |
| | | | 5 | | | | 1 | |
| 1 | | | | | | | | 4 |
| 5 | | 8 | | 9 | 4 | 3 | 7 | |
| 9 | 7 | | | | | | | 8 |

## #246

| | 7 | | | | | | | 1 |
|---|---|---|---|---|---|---|---|---|
| | | 2 | | | | | | |
| 5 | | 3 | | | 1 | 9 | | 6 |
| 9 | | 1 | 5 | | 6 | | | |
| | | | | | | | | |
| | | | | | 9 | 1 | | 8 |
| 6 | | 8 | 3 | | 2 | | | 5 |
| 3 | 2 | | | 6 | | | | |
| 7 | | 9 | 1 | | | | | |

### #247

| | | | 4 | 3 | | | | 2 |
|---|---|---|---|---|---|---|---|---|
| 6 | | 1 | | | | | 5 | |
| 7 | | | | 1 | 2 | | | |
| | | | | | 5 | | | |
| | | 9 | | 8 | 4 | | | |
| | | | 4 | | 9 | | | |
| 1 | | | | 7 | | | | |
| 2 | | | | | 9 | | | |
| | 9 | 4 | | | | | 1 | 6 |

### #250

| | | | | 8 | | | 4 | |
|---|---|---|---|---|---|---|---|---|
| 1 | 5 | | | | | 6 | | 3 |
| | 3 | | | | | | 8 | |
| | 9 | 7 | 4 | | | | | |
| 4 | | | | | | | | |
| | | 5 | 3 | 7 | | | | 1 |
| | | | | | | 3 | | 2 |
| | | | | | | | | |
| 9 | 6 | | | | 1 | 7 | | 8 |

### #248

| | | | | 5 | | 1 | | 8 |
|---|---|---|---|---|---|---|---|---|
| | 8 | | | 2 | | | | 3 |
| | 6 | 2 | | 9 | | | | 5 |
| | 4 | 5 | | | 7 | 3 | | |
| | | 8 | | | | 6 | | |
| | | | | 1 | | 2 | | |
| | | | | | 6 | | 9 | |
| | | 4 | 5 | | | | | |
| | 2 | | 1 | | | | | |

### #251

| | | | 3 | | | | | 5 |
|---|---|---|---|---|---|---|---|---|
| 5 | 7 | | 2 | | | | | 9 |
| | 2 | | | | | | 8 | 3 |
| | | | | 2 | | | | |
| 3 | | | 1 | | | | | 6 |
| | 6 | | | 5 | | 4 | 1 | |
| 1 | | 4 | | | 9 | | | |
| | | 6 | 1 | | 8 | 2 | | |
| | | | 7 | 4 | | | | |

### #249

| 9 | | 4 | | | | | | |
|---|---|---|---|---|---|---|---|---|
| | | | | 3 | 1 | | | 8 |
| | 8 | | 9 | | | | 5 | |
| | | | | 4 | | | 1 | 5 |
| | | 8 | | 3 | | | 4 | |
| | | 2 | 1 | 8 | | | | 7 |
| | | 5 | | | | | | |
| | 9 | 3 | 8 | | 7 | | | |
| | | | | | | | 2 | 1 |

### #252

| | | | | 5 | | | 8 | |
|---|---|---|---|---|---|---|---|---|
| | | 4 | 3 | | | | 7 | 1 |
| | 8 | 3 | 1 | 7 | | | | |
| | | 1 | 5 | | | | | 6 |
| | | | | | 1 | 5 | | |
| | 5 | | | 4 | | 3 | | |
| 2 | 3 | | | 1 | | | | |
| | 1 | 6 | | | | | | 9 |

## #253

| | | | | | | | | |
|---|---|---|---|---|---|---|---|---|
| | 7 | | | | | | 8 | 1 |
| | | 1 | | | | | | |
| 5 | | | | | 9 | | | |
| | 2 | | | 5 | | | | |
| 1 | | | 3 | | 2 | 4 | | 5 |
| | | 3 | 9 | | | 6 | 7 | |
| | 8 | 9 | | | 4 | 5 | 1 | |
| 3 | | 2 | | | 7 | | | |
| | | | | | | | | |

## #254

| | | | | | | | | |
|---|---|---|---|---|---|---|---|---|
| | | 4 | | | 7 | | 1 | |
| | | 2 | | | | | | |
| 3 | 7 | | | | | 2 | 4 | |
| 4 | | | | | | | | |
| | | | | | | 7 | 9 | |
| 9 | | | | | 8 | | | |
| 8 | | | 3 | 2 | 7 | | | |
| | | 2 | | 9 | 5 | 4 | 3 | 6 |
| | | 5 | 4 | | | | | |

## #255

| | | | | | | | | |
|---|---|---|---|---|---|---|---|---|
| | | | | | | | | |
| | 6 | | 2 | | 7 | | 1 | |
| | | | | | | 1 | 2 | 9 |
| | 2 | 6 | | | 4 | | | 5 |
| 3 | 1 | 8 | | | | | | 7 |
| 5 | | | | | 9 | | | |
| 2 | | 7 | | 8 | | | | 4 |
| | 9 | | | 4 | | 8 | | |
| | | | | 3 | 9 | | | |

## #256

| | | | | | | | | |
|---|---|---|---|---|---|---|---|---|
| | | | | | | | 5 | |
| 5 | | | | 9 | 6 | 1 | 8 | |
| | | | | | 4 | 8 | | |
| | | 4 | | 5 | 2 | | | |
| | | | | | | | | 9 |
| | 6 | | 9 | 7 | | 3 | | |
| | 8 | | | | | 2 | 1 | |
| | 3 | | | | | | | |
| 4 | 2 | | | 3 | 7 | | 9 | 6 |

## #257

| | | | | | | | | |
|---|---|---|---|---|---|---|---|---|
| | | 7 | | 5 | | | | 3 |
| | 2 | | 9 | | | | | |
| | 4 | | | 2 | | 5 | | 7 |
| 4 | 8 | 5 | | | | | | |
| 7 | | | | | | | | 2 |
| 1 | 6 | | | | | | 4 | |
| | | | | | | | | |
| 6 | 3 | | | | 5 | 7 | 1 | 4 |
| | | | | | 3 | 6 | | 8 |

## #258

| | | | | | | | | |
|---|---|---|---|---|---|---|---|---|
| | | | 2 | | | | | |
| 8 | 2 | 1 | 7 | | | | | 5 |
| | | | | 1 | 5 | | | 7 |
| | 3 | | | | | | | |
| | 7 | 2 | | | | 4 | 3 | 1 |
| 5 | | | | 6 | | 7 | 9 | |
| | 9 | 7 | | 2 | 8 | | | |
| | | | | | | | | 8 |
| 4 | | | | 5 | | | | |

## #259

| | | 5 | | | 8 | 7 | 6 | |
|---|---|---|---|---|---|---|---|---|
| 7 | | | | | 2 | 1 | | 3 |
| 1 | | | | | | | | |
| | | 3 | 5 | 6 | | | | |
| | | | | 9 | | | | |
| | | | | 4 | 2 | | | |
| | | 8 | 1 | | | | | |
| | 1 | 6 | 3 | | | 9 | | 5 |
| | | | | | 6 | 4 | | |

## #262

| | | 4 | | | 8 | | | 7 |
|---|---|---|---|---|---|---|---|---|
| 2 | | | 9 | | | 5 | | |
| | | | | | 5 | 2 | 4 | |
| 8 | 4 | 7 | 6 | | | 3 | 5 | |
| | | | | | | | | |
| | | | | 7 | | | | 2 |
| | | 3 | | 2 | 4 | | | |
| | 6 | 1 | | | | 9 | | |
| 4 | | | | | 7 | | | |

## #260

| 2 | 8 | 1 | 3 | | | | | |
|---|---|---|---|---|---|---|---|---|
| | | | | | | | | |
| | | 7 | | 8 | 5 | 6 | 9 | |
| | | | | | | | 6 | 7 |
| | | 8 | 7 | | 4 | 1 | 9 | |
| | | 3 | | | | | | |
| | 1 | | | 2 | | 4 | 8 | |
| | | | 5 | | 8 | 7 | 3 | |
| | | | 4 | | | | | |

## #263

| 9 | | 5 | | | | 2 | 7 | 8 |
|---|---|---|---|---|---|---|---|---|
| | 1 | | | 8 | 3 | 4 | | 6 |
| 5 | | | | | | | | |
| | | | | | | | | |
| | | 2 | | | | | 9 | |
| 1 | | | | | 7 | 3 | | 5 |
| 8 | 6 | | | 9 | 2 | | 1 | |
| 7 | | 5 | | | | | | |
| | | | 3 | | | | 2 | |

## #261

| 7 | | 6 | | | | | | |
|---|---|---|---|---|---|---|---|---|
| | 9 | 3 | 6 | | | | | |
| | | | | | 7 | | | |
| 9 | | 8 | 1 | | 7 | | | |
| | 1 | | 5 | | | 4 | | |
| | | | | | | | | 2 |
| | 9 | | | | | | | |
| | | | | 8 | | 4 | 6 | |
| | 2 | | 9 | 4 | | | 3 | 8 |

## #264

| | 4 | 2 | 9 | 3 | | | | |
|---|---|---|---|---|---|---|---|---|
| | | | | | | | | |
| 8 | | | | 6 | 5 | | | |
| | | | | | | | | |
| | 6 | | | | 2 | | 4 | 1 |
| 3 | | 5 | 6 | | 8 | | | 9 |
| | | | 4 | | | 3 | 2 | 7 |
| 6 | | 7 | | | 1 | | | |
| | | | | | | | | 6 |

# #265

| | | 9 | | 8 | | | | 6 |
|---|---|---|---|---|---|---|---|---|
| 5 | | | | | 7 | 2 | | 1 |
| | | 7 | 4 | 5 | 6 | 8 | | 3 |
| 1 | | | 7 | | | | | |
| | 3 | | | 1 | | | | 2 |
| | 9 | | | | | | 7 | |
| 6 | 7 | | | | 2 | | | 9 |
| | | 5 | 3 | | | | | |
| | | | | | | | | |

# #268

| 3 | | 9 | | | | | | |
|---|---|---|---|---|---|---|---|---|
| | | | 5 | 7 | | | | |
| | | | | | | 8 | | |
| | | 2 | | | | | | |
| | 7 | 4 | | 8 | | | | 6 |
| | 1 | | | | 9 | 3 | | 5 |
| 8 | | | | 1 | 3 | | 9 | 7 |
| | | 6 | | 2 | | | | |
| | | | | 5 | | | 6 | 8 |

# #266

| | | | 5 | 4 | | | | |
|---|---|---|---|---|---|---|---|---|
| | | | 2 | | | 7 | | 1 |
| | | | | | | | 3 | |
| 3 | | | | | 9 | | | |
| | 9 | 1 | | | | 5 | | |
| | 5 | | | 6 | 4 | | | |
| | | | | | | 8 | | |
| | | 3 | | 1 | 5 | | | 9 |
| 7 | | | 8 | | 3 | 6 | 5 | |

# #269

| 9 | 2 | 5 | 7 | | | | | |
|---|---|---|---|---|---|---|---|---|
| | | | | | | | | |
| | | | 4 | 9 | 8 | | | 3 |
| | | 8 | 3 | | 5 | | 2 | |
| | | | | 4 | | 6 | | |
| | | | | | 1 | | | 9 |
| | | 6 | | | | 9 | | |
| 1 | 5 | | | 6 | 3 | 8 | | |
| | 4 | | | | | | | |

# #267

| | 5 | | | | | | | 2 |
|---|---|---|---|---|---|---|---|---|
| 1 | 2 | | 7 | 3 | | | | |
| | | | 1 | | | 4 | | |
| | | | | | | 5 | 7 | |
| | 9 | | | 5 | 3 | 2 | | |
| 3 | | | | | | | | |
| | 8 | | | 3 | | | | |
| | 7 | | | 8 | 9 | | 1 | |
| 2 | 1 | 9 | | 7 | | | | |

# #270

| | | | 4 | 1 | | | | 9 |
|---|---|---|---|---|---|---|---|---|
| 1 | 4 | | 5 | | | 3 | | |
| | | 2 | | | | | | |
| 3 | | 5 | | | | 1 | | |
| | | | 7 | 6 | 5 | | | |
| 7 | | | 1 | | 8 | 2 | | |
| | | | | | | 5 | | |
| | 4 | 9 | 6 | 1 | 8 | | | |
| | 1 | 3 | | 7 | | | | |

# #271

| | | | | | | | | |
|---|---|---|---|---|---|---|---|---|
| | | | | | | | | |
| 1 | | | | 5 | 4 | | | |
| | 3 | 7 | 2 | | 6 | | 1 | |
| 9 | | 4 | | | 7 | | | 3 |
| | | | 3 | | | | | 9 |
| | 8 | 1 | | | | 5 | | 4 |
| 2 | | 8 | | | | 6 | 3 | |
| | 6 | | | | | | | |
| | | | | | | | | 5 |

# #274

| | | | | | | | | |
|---|---|---|---|---|---|---|---|---|
| | 6 | | | | 3 | | 7 | 2 |
| | 4 | 2 | | 5 | 9 | | | |
| | | | | | | 5 | | 8 |
| 2 | 8 | | | | | | | 5 |
| | | | | 1 | | 3 | | |
| 3 | 9 | 6 | | | | | | |
| | | | 1 | 5 | 3 | | | |
| | 4 | 3 | | | | | | |
| | | | 4 | | | 2 | 9 | |

# #272

| | | | | | | | | |
|---|---|---|---|---|---|---|---|---|
| 1 | 2 | | | | | 9 | 8 | |
| | | 8 | 6 | 7 | | | | 5 |
| | | | | | | 1 | 4 | |
| | | | 3 | 8 | | | 5 | |
| 3 | 9 | 7 | | 4 | | | | |
| | | | | | | | | |
| 4 | | | | | | | | |
| | 5 | | 4 | | | | | |
| | 1 | | | | 7 | | 9 | 3 |

# #275

| | | | | | | | | |
|---|---|---|---|---|---|---|---|---|
| | | | | | 9 | | | 1 |
| 4 | 9 | | 5 | 2 | | | | |
| | | | | 3 | | | | 2 |
| | | 3 | | | | | 1 | |
| | | | 7 | 1 | 4 | | | |
| | | | 6 | 3 | | 5 | | |
| | | 8 | | | | | | |
| 1 | 5 | | | 6 | | | | |
| | | 2 | | 1 | | 8 | | 6 |

# #273

| | | | | | | | | |
|---|---|---|---|---|---|---|---|---|
| | 4 | 3 | | | | 2 | | |
| | | 8 | | | | 6 | | |
| | | | | 6 | | | | 7 |
| | | | 5 | 6 | 4 | | | 3 |
| | 6 | 9 | | | 7 | | | |
| | | | 2 | | | | | |
| | 1 | | 5 | 9 | | | | |
| | 3 | 2 | | | | 7 | 9 | |
| | | | 4 | | | | 8 | |

# #276

| | | | | | | | | |
|---|---|---|---|---|---|---|---|---|
| 9 | | | | | | 1 | | |
| | 2 | | | | | | | |
| | | | 6 | 1 | 4 | | | |
| | | | 2 | 5 | | | | 3 |
| 1 | | | | 3 | | 6 | 4 | 8 |
| | 4 | 3 | 8 | | | 5 | 2 | |
| | | | | | | 9 | 8 | |
| | | 1 | 6 | | | | | |
| | 6 | | | | | 2 | | 4 |

## #277

| | 5 | 7 | | | | | 1 | 3 |
|---|---|---|---|---|---|---|---|---|
| | | | 5 | | | 8 | 4 | |
| 6 | | 4 | | | 3 | | | 2 |
| 3 | 8 | 1 | | | 6 | 9 | | |
| | | | 3 | | | | | 8 |
| | 4 | 2 | | | | | | |
| | | | | | | | | |
| | | | | 1 | 9 | | | |
| | | 9 | 8 | | | | 5 | |

## #280

| 1 | | 9 | 7 | 2 | 4 | 3 | 6 | |
|---|---|---|---|---|---|---|---|---|
| | | | | | | | | 2 |
| 6 | | | | | | | 1 | 8 |
| | 3 | 1 | | | | | | |
| | | | | | 9 | | | 1 |
| 7 | | | | | 2 | | | 3 |
| | | | | | | | | |
| 4 | | | | | 3 | | | 9 |
| 3 | | | 5 | 1 | 6 | 7 | | |

## #278

| | 7 | | 9 | | | 1 | | 5 |
|---|---|---|---|---|---|---|---|---|
| | | | | | | | 7 | 9 |
| | | 3 | | | | | | |
| | 6 | | | | | | | |
| | | | 4 | | 3 | 7 | 1 | 2 |
| | | 7 | | 8 | 2 | | 9 | 4 |
| | 3 | 4 | | | 8 | | 5 | |
| | | 8 | | | | | | |
| | | 5 | 2 | | | | | 1 |

## #281

| | 5 | | | 9 | | | | 1 |
|---|---|---|---|---|---|---|---|---|
| | | | 6 | 3 | | | | 4 |
| | | | | | | | 5 | 2 |
| 1 | | | | | 7 | | | 6 |
| 2 | | | | | | | | |
| | 9 | 7 | | 5 | | | 8 | 2 |
| 3 | | | | 4 | | | | |
| | 2 | | 5 | 1 | 6 | 9 | | |
| | | | | | | | | |

## #279

| | 2 | | | | 9 | 1 | 3 | |
|---|---|---|---|---|---|---|---|---|
| | 7 | | | 2 | | | | |
| | 4 | 9 | | 3 | | | | |
| | | 7 | | | 5 | | 6 | 9 |
| | 3 | | 8 | | | | | 1 |
| 1 | 9 | | | | 4 | 5 | | |
| | | | | | 3 | | 4 | 2 |
| | | | | | | | | |
| | | | | | 7 | | 9 | 6 |

## #282

| | | 2 | 6 | | | | | 9 |
|---|---|---|---|---|---|---|---|---|
| 6 | | | | 3 | | 8 | | |
| 9 | 4 | | 8 | | 2 | 3 | | |
| 4 | | 9 | 2 | | | | | 1 |
| | 7 | | | | | | | |
| | | | 8 | 1 | 7 | | | |
| | | 5 | | | | | | |
| | | 4 | 8 | | | | | |
| | 4 | 3 | | 9 | | | | 2 |

## #283

| | | | 8 | | | | | |
|---|---|---|---|---|---|---|---|---|
| 2 | | 3 | | | | | | |
| | | 6 | 7 | | 1 | | 5 | |
| | | | | | 8 | | 3 | |
| | 8 | 4 | | | 2 | 7 | | |
| 7 | | | | | 3 | 2 | 1 | |
| | | 2 | 4 | | | 9 | 8 | |
| 1 | 3 | | | | 4 | | | |
| | | | | | 9 | | | |

## #286

| | 2 | | | 4 | | | 6 | |
|---|---|---|---|---|---|---|---|---|
| | | | | | | 3 | | |
| | | 9 | | | | | 2 | |
| 2 | 8 | | | | 7 | | | |
| 5 | | | | 2 | | | | |
| | | | 1 | 8 | 4 | | | |
| | 3 | | | 9 | | 5 | | |
| | | | 8 | 6 | | | | 9 |
| 8 | | 7 | 5 | | | | | 3 |

## #284

| | | 5 | 9 | | | 4 | 8 | |
|---|---|---|---|---|---|---|---|---|
| 4 | 8 | | 5 | | 1 | | | |
| | | | | | | | | |
| | 6 | | | 9 | 8 | | | 7 |
| 8 | | | 2 | | | | 5 | |
| | 3 | | | 6 | | | 2 | |
| | 2 | 4 | | | | | | |
| | | | 1 | | | 3 | 4 | |
| | | | | | 9 | | | 1 |

## #287

| | | 9 | | 4 | | | 6 | 3 |
|---|---|---|---|---|---|---|---|---|
| | | | | | 3 | | | 2 |
| | | | 6 | | | 8 | 4 | |
| | | | | | | | | 6 |
| 6 | | | 5 | 2 | 8 | | | |
| 9 | 8 | 1 | | | | | | |
| | 2 | 5 | 8 | 6 | | | | 9 |
| | | 6 | 7 | 9 | | | | |
| | | | | | | | | 1 |

## #285

| | | | | | | | | |
|---|---|---|---|---|---|---|---|---|
| | 3 | | | 7 | 1 | 2 | | 4 |
| | | | | 3 | 2 | | 8 | |
| 2 | 9 | | | | | | | |
| | | 3 | 4 | | | 6 | 2 | 9 |
| | 7 | | | | | | | 3 |
| | | 1 | | | | 5 | | |
| | | | | 9 | 8 | 1 | | |
| 7 | 6 | | | 5 | 4 | | | |

## #288

| | | | 2 | | 9 | 4 | | 5 |
|---|---|---|---|---|---|---|---|---|
| | | | | | | | | |
| | | 9 | 8 | 5 | | | 7 | |
| | 6 | 4 | | | | | 8 | |
| | | | | | | | | |
| 8 | | 1 | 3 | 9 | | 5 | | |
| | 9 | 8 | 1 | 6 | | | | |
| | | | 4 | | | 3 | 6 | |
| 2 | | | | | | | 1 | 4 |

### #289

| | | | | 3 | | | 2 | |
|---|---|---|---|---|---|---|---|---|
| 8 | | | 2 | | | 5 | 4 | |
| | 6 | | | | | | 8 | 7 |
| | 4 | 7 | | 5 | | | | |
| | | | | | 7 | | | 9 |
| | | | | | | | | |
| | | | | | 3 | | | |
| | | | | 4 | | | | 8 |
| | 7 | 2 | | | 8 | 4 | 6 | 5 |

### #292

| 1 | 2 | | 7 | | 8 | 5 | | |
|---|---|---|---|---|---|---|---|---|
| | 3 | | | | | | | |
| | | 5 | | | | | 2 | 4 |
| | 6 | 3 | | | | | | |
| | | | | | | | 1 | |
| 5 | | 7 | | 4 | 2 | 6 | | |
| | | | 6 | | | | | |
| | | | | 3 | | | | 5 |
| 4 | | | | 9 | | 8 | 6 | 3 |

### #290

| 9 | | | | | | 3 | 8 | |
|---|---|---|---|---|---|---|---|---|
| | | 3 | 4 | | | | 7 | |
| | 8 | 7 | 6 | | | | | |
| | | 9 | | | 2 | 1 | 4 | |
| | | | | 6 | | | | 3 |
| 7 | 1 | 4 | | | | | | 2 |
| | 9 | | | | | | | |
| 1 | | | | 9 | 8 | | 4 | |
| | | | | | 3 | | | 8 |

### #293

| 6 | | | 2 | | | | 1 | |
|---|---|---|---|---|---|---|---|---|
| | | | | 1 | 9 | | | 8 |
| 1 | | | 7 | | | | 6 | |
| | | 8 | | | 1 | | | 5 |
| 4 | | 7 | 5 | | 3 | 9 | | 6 |
| 5 | | | 4 | | | | | |
| | 4 | | | | | | 2 | |
| | | | | | | | 5 | 3 |
| | 3 | | | | | | | 1 |

### #291

| | 3 | | | | | | | 4 |
|---|---|---|---|---|---|---|---|---|
| | | 8 | | | 9 | 7 | | 5 |
| 4 | | | | | | | 1 | 3 |
| 9 | | 4 | | | 8 | | | |
| | | | | 1 | | 6 | | |
| 6 | | | | | | | | |
| | 7 | | | 2 | 5 | | | |
| | 2 | | | 6 | 3 | 1 | 4 | 8 |
| | 4 | | | | 5 | | | |

### #294

| | | | | 7 | | | | |
|---|---|---|---|---|---|---|---|---|
| | | 4 | | | 6 | | | |
| 5 | | | 2 | 9 | | | 3 | 1 |
| | 7 | 8 | | 4 | | 3 | 2 | |
| 9 | | | | | | | 6 | 7 |
| | | 2 | | | 5 | | | |
| | 3 | | | 8 | 1 | | | |
| | | | | | | | 1 | |
| | 4 | | | | 9 | | | 3 |

## #295

| | 7 | | | | 9 | | | |
|---|---|---|---|---|---|---|---|---|
| | | 2 | 8 | | | 9 | | |
| | 6 | 3 | 1 | | | 5 | | 2 |
| 4 | 9 | 6 | | | | 8 | 3 | |
| 5 | 3 | | | | | | | |
| | | | 5 | | 6 | | | |
| | | | | | | | 6 | 9 |
| | | | 3 | 6 | 4 | | | |
| | | | | | | | | 8 |

## #298

| | 1 | 9 | | | | | | |
|---|---|---|---|---|---|---|---|---|
| 8 | 7 | | | | | | | |
| | | 4 | 8 | 5 | | | | |
| | | | 3 | 1 | 6 | 8 | | |
| | | 1 | | | | | | 7 |
| 3 | | | | 4 | | | | 1 |
| 2 | 9 | | 6 | 8 | | 7 | 1 | |
| | 6 | | | 2 | | | | 9 |
| | | | | | | | | |

## #296

| 7 | | | | | 8 | | | |
|---|---|---|---|---|---|---|---|---|
| | | 3 | 5 | | 1 | | | |
| | | | 7 | | | | 2 | 6 |
| | 2 | | | 3 | 9 | | | |
| 6 | | | | | | | | 2 |
| | 3 | | | | 2 | 7 | | 4 |
| 5 | 6 | 8 | | | | | | 3 |
| 9 | | | | | | | | |
| | | | | | | 6 | | 5 |

## #299

| 7 | | | | 1 | | 2 | | |
|---|---|---|---|---|---|---|---|---|
| | 8 | | 9 | | | 5 | | 3 |
| | | 2 | 5 | | | 9 | 8 | |
| 3 | | | | 9 | | | | |
| 4 | | | | 3 | | 7 | 9 | |
| | | | 8 | | | | | |
| | | | | | | 8 | | |
| | | 1 | | 4 | | | | 6 |
| | | | | | | | 3 | 5 |

## #297

| | | | 9 | 4 | | | 3 | |
|---|---|---|---|---|---|---|---|---|
| | 2 | | | | 1 | 8 | 4 | |
| 7 | | | | | 6 | | | |
| | 5 | | | | | 3 | | |
| 1 | | 6 | 7 | | | 2 | | |
| | | 8 | 6 | | 3 | | | |
| | | | | | | | | |
| | | 9 | 4 | | | | | |
| | 8 | | | 9 | | | 2 | 1 |

## #300

| | 1 | 6 | | 9 | | | 2 | 8 |
|---|---|---|---|---|---|---|---|---|
| 7 | 2 | 5 | | | | | | |
| | | 8 | | | 6 | | 7 | |
| 5 | | 9 | | | | | | |
| | 7 | 1 | | 8 | 2 | | | |
| | | | | | | | | |
| | | | | 4 | 3 | 5 | 7 | |
| | | | | | 9 | | | |
| | | | 6 | | 4 | | | 1 |

# SOLUZIONI

La tua opinione è importante:

## Supportaci e lascia una recensione!

## #1

| 8 | 1 | 3 | 4 | 7 | 6 | 5 | 9 | 2 |
|---|---|---|---|---|---|---|---|---|
| 4 | 2 | 6 | 3 | 5 | 9 | 1 | 8 | 7 |
| 7 | 9 | 5 | 1 | 8 | 2 | 6 | 4 | 3 |
| 5 | 8 | 4 | 2 | 1 | 3 | 7 | 6 | 9 |
| 9 | 3 | 1 | 6 | 4 | 7 | 2 | 5 | 8 |
| 2 | 6 | 7 | 8 | 9 | 5 | 3 | 1 | 4 |
| 1 | 5 | 9 | 7 | 2 | 8 | 4 | 3 | 6 |
| 3 | 7 | 8 | 5 | 6 | 4 | 9 | 2 | 1 |
| 6 | 4 | 2 | 9 | 3 | 1 | 8 | 7 | 5 |

## #2

| 1 | 9 | 2 | 7 | 8 | 4 | 3 | 6 | 5 |
|---|---|---|---|---|---|---|---|---|
| 6 | 8 | 3 | 2 | 1 | 5 | 9 | 4 | 7 |
| 5 | 4 | 7 | 9 | 6 | 3 | 1 | 8 | 2 |
| 3 | 5 | 1 | 4 | 2 | 9 | 8 | 7 | 6 |
| 2 | 7 | 8 | 3 | 5 | 6 | 4 | 1 | 9 |
| 4 | 6 | 9 | 1 | 7 | 8 | 5 | 2 | 3 |
| 9 | 2 | 4 | 8 | 3 | 7 | 6 | 5 | 1 |
| 8 | 1 | 6 | 5 | 9 | 2 | 7 | 3 | 4 |
| 7 | 3 | 5 | 6 | 4 | 1 | 2 | 9 | 8 |

## #3

| 1 | 5 | 8 | 3 | 4 | 7 | 2 | 6 | 9 |
|---|---|---|---|---|---|---|---|---|
| 2 | 4 | 9 | 1 | 6 | 8 | 3 | 5 | 7 |
| 7 | 3 | 6 | 5 | 2 | 9 | 1 | 4 | 8 |
| 5 | 8 | 1 | 7 | 3 | 6 | 9 | 2 | 4 |
| 4 | 2 | 7 | 8 | 9 | 5 | 6 | 1 | 3 |
| 9 | 6 | 3 | 2 | 1 | 4 | 8 | 7 | 5 |
| 3 | 7 | 2 | 9 | 5 | 1 | 4 | 8 | 6 |
| 8 | 9 | 4 | 6 | 7 | 2 | 5 | 3 | 1 |
| 6 | 1 | 5 | 4 | 8 | 3 | 7 | 9 | 2 |

## #4

| 2 | 9 | 5 | 6 | 8 | 3 | 7 | 4 | 1 |
|---|---|---|---|---|---|---|---|---|
| 6 | 4 | 3 | 7 | 5 | 1 | 9 | 8 | 2 |
| 7 | 8 | 1 | 2 | 4 | 9 | 6 | 5 | 3 |
| 4 | 5 | 9 | 1 | 3 | 7 | 8 | 2 | 6 |
| 8 | 2 | 6 | 4 | 9 | 5 | 3 | 1 | 7 |
| 1 | 3 | 7 | 8 | 6 | 2 | 4 | 9 | 5 |
| 9 | 1 | 8 | 3 | 2 | 6 | 5 | 7 | 4 |
| 3 | 7 | 4 | 5 | 1 | 8 | 2 | 6 | 9 |
| 5 | 6 | 2 | 9 | 7 | 4 | 1 | 3 | 8 |

## #5

| 2 | 1 | 7 | 4 | 9 | 3 | 8 | 5 | 6 |
|---|---|---|---|---|---|---|---|---|
| 8 | 3 | 6 | 7 | 1 | 5 | 9 | 4 | 2 |
| 9 | 4 | 5 | 6 | 8 | 2 | 1 | 7 | 3 |
| 4 | 2 | 9 | 1 | 5 | 6 | 3 | 8 | 7 |
| 1 | 6 | 3 | 8 | 4 | 7 | 5 | 2 | 9 |
| 5 | 7 | 8 | 3 | 2 | 9 | 6 | 1 | 4 |
| 7 | 8 | 2 | 9 | 3 | 1 | 4 | 6 | 5 |
| 6 | 9 | 4 | 5 | 7 | 8 | 2 | 3 | 1 |
| 3 | 5 | 1 | 2 | 6 | 4 | 7 | 9 | 8 |

## #6

| 5 | 7 | 9 | 3 | 6 | 1 | 4 | 8 | 2 |
|---|---|---|---|---|---|---|---|---|
| 4 | 2 | 6 | 9 | 7 | 8 | 3 | 1 | 5 |
| 8 | 1 | 3 | 5 | 2 | 4 | 7 | 6 | 9 |
| 6 | 8 | 5 | 1 | 4 | 3 | 9 | 2 | 7 |
| 2 | 3 | 4 | 6 | 9 | 7 | 1 | 5 | 8 |
| 7 | 9 | 1 | 2 | 8 | 5 | 6 | 3 | 4 |
| 9 | 4 | 2 | 8 | 3 | 6 | 5 | 7 | 1 |
| 1 | 6 | 8 | 7 | 5 | 9 | 2 | 4 | 3 |
| 3 | 5 | 7 | 4 | 1 | 2 | 8 | 9 | 6 |

## #7

| 5 | 3 | 7 | 6 | 2 | 4 | 1 | 9 | 8 |
|---|---|---|---|---|---|---|---|---|
| 6 | 9 | 8 | 5 | 3 | 1 | 2 | 7 | 4 |
| 1 | 4 | 2 | 8 | 9 | 7 | 6 | 5 | 3 |
| 9 | 6 | 4 | 3 | 8 | 5 | 7 | 1 | 2 |
| 2 | 7 | 5 | 4 | 1 | 6 | 3 | 8 | 9 |
| 3 | 8 | 1 | 2 | 7 | 9 | 4 | 6 | 5 |
| 4 | 1 | 6 | 9 | 5 | 2 | 8 | 3 | 7 |
| 7 | 5 | 3 | 1 | 4 | 8 | 9 | 2 | 6 |
| 8 | 2 | 9 | 7 | 6 | 3 | 5 | 4 | 1 |

## #10

| 1 | 4 | 3 | 8 | 7 | 5 | 6 | 9 | 2 |
|---|---|---|---|---|---|---|---|---|
| 6 | 9 | 2 | 3 | 1 | 4 | 8 | 7 | 5 |
| 8 | 7 | 5 | 9 | 2 | 6 | 4 | 3 | 1 |
| 4 | 6 | 8 | 5 | 3 | 2 | 9 | 1 | 7 |
| 2 | 5 | 1 | 4 | 9 | 7 | 3 | 8 | 6 |
| 9 | 3 | 7 | 1 | 6 | 8 | 5 | 2 | 4 |
| 3 | 2 | 9 | 6 | 4 | 1 | 7 | 5 | 8 |
| 7 | 8 | 4 | 2 | 5 | 3 | 1 | 6 | 9 |
| 5 | 1 | 6 | 7 | 8 | 9 | 2 | 4 | 3 |

## #8

| 1 | 5 | 3 | 4 | 2 | 9 | 8 | 7 | 6 |
|---|---|---|---|---|---|---|---|---|
| 2 | 4 | 8 | 3 | 7 | 6 | 9 | 1 | 5 |
| 7 | 6 | 9 | 8 | 1 | 5 | 4 | 2 | 3 |
| 4 | 8 | 1 | 9 | 5 | 3 | 7 | 6 | 2 |
| 5 | 3 | 6 | 2 | 8 | 7 | 1 | 4 | 9 |
| 9 | 2 | 7 | 6 | 4 | 1 | 3 | 5 | 8 |
| 3 | 9 | 2 | 1 | 6 | 4 | 5 | 8 | 7 |
| 8 | 1 | 5 | 7 | 9 | 2 | 6 | 3 | 4 |
| 6 | 7 | 4 | 5 | 3 | 8 | 2 | 9 | 1 |

## #11

| 8 | 5 | 6 | 9 | 1 | 3 | 2 | 4 | 7 |
|---|---|---|---|---|---|---|---|---|
| 3 | 9 | 7 | 4 | 6 | 2 | 8 | 1 | 5 |
| 2 | 4 | 1 | 5 | 7 | 8 | 9 | 3 | 6 |
| 7 | 6 | 8 | 1 | 4 | 5 | 3 | 2 | 9 |
| 1 | 3 | 4 | 6 | 2 | 9 | 5 | 7 | 8 |
| 5 | 2 | 9 | 3 | 8 | 7 | 4 | 6 | 1 |
| 6 | 8 | 5 | 2 | 3 | 1 | 7 | 9 | 4 |
| 4 | 7 | 3 | 8 | 9 | 6 | 1 | 5 | 2 |
| 9 | 1 | 2 | 7 | 5 | 4 | 6 | 8 | 3 |

## #9

| 3 | 7 | 6 | 4 | 8 | 5 | 9 | 1 | 2 |
|---|---|---|---|---|---|---|---|---|
| 9 | 2 | 5 | 1 | 7 | 6 | 4 | 8 | 3 |
| 8 | 4 | 1 | 2 | 9 | 3 | 5 | 7 | 6 |
| 6 | 8 | 4 | 5 | 3 | 2 | 7 | 9 | 1 |
| 7 | 1 | 3 | 6 | 4 | 9 | 8 | 2 | 5 |
| 2 | 5 | 9 | 7 | 1 | 8 | 3 | 6 | 4 |
| 5 | 9 | 8 | 3 | 6 | 1 | 2 | 4 | 7 |
| 1 | 3 | 7 | 9 | 2 | 4 | 6 | 5 | 8 |
| 4 | 6 | 2 | 8 | 5 | 7 | 1 | 3 | 9 |

## #12

| 9 | 7 | 3 | 8 | 1 | 2 | 4 | 6 | 5 |
|---|---|---|---|---|---|---|---|---|
| 4 | 2 | 8 | 7 | 6 | 5 | 3 | 1 | 9 |
| 1 | 6 | 5 | 3 | 4 | 9 | 7 | 2 | 8 |
| 8 | 4 | 7 | 6 | 3 | 1 | 5 | 9 | 2 |
| 2 | 9 | 6 | 5 | 7 | 4 | 1 | 8 | 3 |
| 5 | 3 | 1 | 2 | 9 | 8 | 6 | 4 | 7 |
| 3 | 1 | 4 | 9 | 2 | 7 | 8 | 5 | 6 |
| 6 | 5 | 2 | 1 | 8 | 3 | 9 | 7 | 4 |
| 7 | 8 | 9 | 4 | 5 | 6 | 2 | 3 | 1 |

## #13

| 3 | 4 | 8 | 6 | 2 | 1 | 9 | 7 | 5 |
| 7 | 5 | 1 | 3 | 4 | 9 | 2 | 6 | 8 |
| 2 | 6 | 9 | 8 | 5 | 7 | 4 | 1 | 3 |
| 1 | 9 | 7 | 5 | 6 | 3 | 8 | 4 | 2 |
| 8 | 2 | 6 | 7 | 9 | 4 | 3 | 5 | 1 |
| 5 | 3 | 4 | 2 | 1 | 8 | 6 | 9 | 7 |
| 9 | 1 | 5 | 4 | 3 | 2 | 7 | 8 | 6 |
| 4 | 8 | 2 | 1 | 7 | 6 | 5 | 3 | 9 |
| 6 | 7 | 3 | 9 | 8 | 5 | 1 | 2 | 4 |

## #16

| 8 | 1 | 6 | 7 | 4 | 2 | 3 | 5 | 9 |
| 3 | 7 | 5 | 1 | 8 | 9 | 4 | 2 | 6 |
| 4 | 2 | 9 | 5 | 6 | 3 | 8 | 7 | 1 |
| 9 | 5 | 1 | 2 | 7 | 8 | 6 | 4 | 3 |
| 7 | 6 | 3 | 9 | 5 | 4 | 2 | 1 | 8 |
| 2 | 4 | 8 | 3 | 1 | 6 | 5 | 9 | 7 |
| 1 | 3 | 2 | 6 | 9 | 5 | 7 | 8 | 4 |
| 5 | 8 | 7 | 4 | 3 | 1 | 9 | 6 | 2 |
| 6 | 9 | 4 | 8 | 2 | 7 | 1 | 3 | 5 |

## #14

| 7 | 6 | 1 | 4 | 9 | 2 | 3 | 8 | 5 |
| 8 | 3 | 9 | 1 | 6 | 5 | 4 | 7 | 2 |
| 2 | 5 | 4 | 7 | 8 | 3 | 9 | 6 | 1 |
| 9 | 7 | 3 | 8 | 5 | 1 | 6 | 2 | 4 |
| 5 | 1 | 8 | 2 | 4 | 6 | 7 | 3 | 9 |
| 4 | 2 | 6 | 9 | 3 | 7 | 5 | 1 | 8 |
| 6 | 4 | 2 | 3 | 1 | 9 | 8 | 5 | 7 |
| 3 | 9 | 7 | 5 | 2 | 8 | 1 | 4 | 6 |
| 1 | 8 | 5 | 6 | 7 | 4 | 2 | 9 | 3 |

## #17

| 5 | 3 | 1 | 7 | 9 | 6 | 8 | 2 | 4 |
| 6 | 8 | 9 | 4 | 1 | 2 | 3 | 7 | 5 |
| 2 | 7 | 4 | 5 | 8 | 3 | 6 | 9 | 1 |
| 8 | 5 | 3 | 2 | 7 | 4 | 1 | 6 | 9 |
| 4 | 9 | 7 | 3 | 6 | 1 | 2 | 5 | 8 |
| 1 | 6 | 2 | 9 | 5 | 8 | 7 | 4 | 3 |
| 9 | 1 | 6 | 8 | 4 | 7 | 5 | 3 | 2 |
| 3 | 4 | 8 | 6 | 2 | 5 | 9 | 1 | 7 |
| 7 | 2 | 5 | 1 | 3 | 9 | 4 | 8 | 6 |

## #15

| 3 | 9 | 1 | 6 | 8 | 7 | 4 | 2 | 5 |
| 7 | 2 | 8 | 4 | 9 | 5 | 6 | 1 | 3 |
| 5 | 4 | 6 | 3 | 1 | 2 | 8 | 9 | 7 |
| 6 | 8 | 2 | 5 | 3 | 9 | 1 | 7 | 4 |
| 1 | 3 | 5 | 7 | 6 | 4 | 9 | 8 | 2 |
| 4 | 7 | 9 | 1 | 2 | 8 | 5 | 3 | 6 |
| 2 | 5 | 4 | 9 | 7 | 1 | 3 | 6 | 8 |
| 9 | 6 | 7 | 8 | 4 | 3 | 2 | 5 | 1 |
| 8 | 1 | 3 | 2 | 5 | 6 | 7 | 4 | 9 |

## #18

| 2 | 6 | 8 | 5 | 3 | 7 | 1 | 9 | 4 |
| 4 | 9 | 3 | 6 | 1 | 2 | 5 | 7 | 8 |
| 5 | 1 | 7 | 8 | 9 | 4 | 6 | 2 | 3 |
| 6 | 4 | 1 | 9 | 7 | 3 | 8 | 5 | 2 |
| 8 | 2 | 5 | 4 | 6 | 1 | 9 | 3 | 7 |
| 7 | 3 | 9 | 2 | 8 | 5 | 4 | 1 | 6 |
| 3 | 7 | 4 | 1 | 5 | 8 | 2 | 6 | 9 |
| 9 | 5 | 2 | 7 | 4 | 6 | 3 | 8 | 1 |
| 1 | 8 | 6 | 3 | 2 | 9 | 7 | 4 | 5 |

## #19

| 9 | 5 | 7 | 4 | 8 | 6 | 2 | 3 | 1 |
|---|---|---|---|---|---|---|---|---|
| 4 | 2 | 1 | 9 | 7 | 3 | 8 | 5 | 6 |
| 6 | 3 | 8 | 2 | 5 | 1 | 9 | 7 | 4 |
| 3 | 6 | 4 | 5 | 1 | 8 | 7 | 2 | 9 |
| 8 | 7 | 2 | 3 | 4 | 9 | 1 | 6 | 5 |
| 1 | 9 | 5 | 6 | 2 | 7 | 3 | 4 | 8 |
| 2 | 4 | 3 | 1 | 9 | 5 | 6 | 8 | 7 |
| 5 | 8 | 9 | 7 | 6 | 2 | 4 | 1 | 3 |
| 7 | 1 | 6 | 8 | 3 | 4 | 5 | 9 | 2 |

## #22

| 5 | 8 | 6 | 4 | 3 | 9 | 2 | 7 | 1 |
|---|---|---|---|---|---|---|---|---|
| 1 | 2 | 3 | 6 | 8 | 7 | 5 | 9 | 4 |
| 9 | 7 | 4 | 2 | 5 | 1 | 8 | 3 | 6 |
| 4 | 1 | 9 | 3 | 2 | 6 | 7 | 8 | 5 |
| 8 | 6 | 2 | 5 | 7 | 4 | 9 | 1 | 3 |
| 3 | 5 | 7 | 9 | 1 | 8 | 6 | 4 | 2 |
| 2 | 3 | 8 | 7 | 4 | 5 | 1 | 6 | 9 |
| 6 | 4 | 1 | 8 | 9 | 2 | 3 | 5 | 7 |
| 7 | 9 | 5 | 1 | 6 | 3 | 4 | 2 | 8 |

## #20

| 5 | 8 | 2 | 6 | 3 | 9 | 1 | 7 | 4 |
|---|---|---|---|---|---|---|---|---|
| 6 | 4 | 1 | 7 | 5 | 8 | 9 | 2 | 3 |
| 3 | 9 | 7 | 1 | 2 | 4 | 8 | 6 | 5 |
| 4 | 1 | 8 | 5 | 9 | 6 | 2 | 3 | 7 |
| 9 | 2 | 6 | 8 | 7 | 3 | 5 | 4 | 1 |
| 7 | 3 | 5 | 2 | 4 | 1 | 6 | 8 | 9 |
| 8 | 5 | 9 | 4 | 6 | 7 | 3 | 1 | 2 |
| 1 | 7 | 3 | 9 | 8 | 2 | 4 | 5 | 6 |
| 2 | 6 | 4 | 3 | 1 | 5 | 7 | 9 | 8 |

## #23

| 1 | 4 | 3 | 7 | 5 | 9 | 2 | 6 | 8 |
|---|---|---|---|---|---|---|---|---|
| 2 | 7 | 6 | 1 | 4 | 8 | 3 | 9 | 5 |
| 8 | 5 | 9 | 3 | 2 | 6 | 7 | 1 | 4 |
| 3 | 2 | 7 | 9 | 1 | 5 | 4 | 8 | 6 |
| 6 | 8 | 1 | 2 | 7 | 4 | 9 | 5 | 3 |
| 5 | 9 | 4 | 6 | 8 | 3 | 1 | 2 | 7 |
| 9 | 3 | 8 | 4 | 6 | 2 | 5 | 7 | 1 |
| 7 | 6 | 2 | 5 | 3 | 1 | 8 | 4 | 9 |
| 4 | 1 | 5 | 8 | 9 | 7 | 6 | 3 | 2 |

## #21

| 9 | 2 | 6 | 8 | 5 | 4 | 7 | 1 | 3 |
|---|---|---|---|---|---|---|---|---|
| 8 | 7 | 1 | 2 | 3 | 9 | 6 | 5 | 4 |
| 4 | 3 | 5 | 1 | 6 | 7 | 9 | 2 | 8 |
| 5 | 9 | 8 | 3 | 7 | 1 | 4 | 6 | 2 |
| 2 | 6 | 4 | 5 | 9 | 8 | 1 | 3 | 7 |
| 7 | 1 | 3 | 4 | 2 | 6 | 5 | 8 | 9 |
| 3 | 8 | 9 | 7 | 1 | 5 | 2 | 4 | 6 |
| 6 | 5 | 2 | 9 | 4 | 3 | 8 | 7 | 1 |
| 1 | 4 | 7 | 6 | 8 | 2 | 3 | 9 | 5 |

## #24

| 9 | 5 | 8 | 1 | 6 | 3 | 2 | 4 | 7 |
|---|---|---|---|---|---|---|---|---|
| 6 | 1 | 7 | 4 | 9 | 2 | 8 | 3 | 5 |
| 2 | 3 | 4 | 7 | 5 | 8 | 1 | 6 | 9 |
| 1 | 6 | 3 | 5 | 4 | 7 | 9 | 8 | 2 |
| 7 | 9 | 5 | 8 | 2 | 6 | 4 | 1 | 3 |
| 8 | 4 | 2 | 9 | 3 | 1 | 7 | 5 | 6 |
| 4 | 8 | 9 | 3 | 7 | 5 | 6 | 2 | 1 |
| 5 | 7 | 6 | 2 | 1 | 4 | 3 | 9 | 8 |
| 3 | 2 | 1 | 6 | 8 | 9 | 5 | 7 | 4 |

## #25

| 9 | 6 | 1 | 8 | 7 | 5 | 2 | 3 | 4 |
|---|---|---|---|---|---|---|---|---|
| 3 | 7 | 4 | 1 | 2 | 9 | 5 | 8 | 6 |
| 2 | 5 | 8 | 3 | 4 | 6 | 9 | 1 | 7 |
| 4 | 9 | 5 | 6 | 8 | 2 | 3 | 7 | 1 |
| 7 | 8 | 2 | 9 | 1 | 3 | 6 | 4 | 5 |
| 1 | 3 | 6 | 7 | 5 | 4 | 8 | 9 | 2 |
| 8 | 2 | 7 | 5 | 3 | 1 | 4 | 6 | 9 |
| 6 | 4 | 3 | 2 | 9 | 7 | 1 | 5 | 8 |
| 5 | 1 | 9 | 4 | 6 | 8 | 7 | 2 | 3 |

## #28

| 8 | 4 | 9 | 1 | 7 | 5 | 2 | 6 | 3 |
|---|---|---|---|---|---|---|---|---|
| 2 | 7 | 5 | 3 | 4 | 6 | 8 | 1 | 9 |
| 3 | 6 | 1 | 2 | 8 | 9 | 5 | 7 | 4 |
| 6 | 2 | 7 | 4 | 9 | 1 | 3 | 5 | 8 |
| 9 | 5 | 3 | 6 | 2 | 8 | 1 | 4 | 7 |
| 1 | 8 | 4 | 7 | 5 | 3 | 6 | 9 | 2 |
| 7 | 3 | 2 | 5 | 1 | 4 | 9 | 8 | 6 |
| 4 | 1 | 8 | 9 | 6 | 2 | 7 | 3 | 5 |
| 5 | 9 | 6 | 8 | 3 | 7 | 4 | 2 | 1 |

## #26

| 1 | 3 | 4 | 5 | 8 | 2 | 6 | 9 | 7 |
|---|---|---|---|---|---|---|---|---|
| 7 | 8 | 6 | 3 | 4 | 9 | 2 | 5 | 1 |
| 9 | 5 | 2 | 7 | 6 | 1 | 8 | 4 | 3 |
| 2 | 4 | 7 | 6 | 9 | 3 | 1 | 8 | 5 |
| 3 | 9 | 8 | 1 | 7 | 5 | 4 | 2 | 6 |
| 6 | 1 | 5 | 8 | 2 | 4 | 3 | 7 | 9 |
| 5 | 7 | 3 | 4 | 1 | 8 | 9 | 6 | 2 |
| 8 | 2 | 1 | 9 | 5 | 6 | 7 | 3 | 4 |
| 4 | 6 | 9 | 2 | 3 | 7 | 5 | 1 | 8 |

## #29

| 1 | 2 | 9 | 5 | 8 | 4 | 3 | 6 | 7 |
|---|---|---|---|---|---|---|---|---|
| 5 | 4 | 6 | 3 | 2 | 7 | 8 | 1 | 9 |
| 7 | 3 | 8 | 1 | 9 | 6 | 4 | 5 | 2 |
| 4 | 7 | 2 | 8 | 5 | 1 | 6 | 9 | 3 |
| 8 | 1 | 5 | 6 | 3 | 9 | 2 | 7 | 4 |
| 9 | 6 | 3 | 7 | 4 | 2 | 1 | 8 | 5 |
| 6 | 9 | 4 | 2 | 7 | 8 | 5 | 3 | 1 |
| 2 | 5 | 1 | 9 | 6 | 3 | 7 | 4 | 8 |
| 3 | 8 | 7 | 4 | 1 | 5 | 9 | 2 | 6 |

## #27

| 1 | 5 | 8 | 3 | 4 | 9 | 7 | 6 | 2 |
|---|---|---|---|---|---|---|---|---|
| 6 | 3 | 2 | 5 | 1 | 7 | 8 | 9 | 4 |
| 9 | 7 | 4 | 6 | 8 | 2 | 3 | 1 | 5 |
| 7 | 1 | 3 | 2 | 9 | 6 | 4 | 5 | 8 |
| 4 | 6 | 5 | 1 | 3 | 8 | 9 | 2 | 7 |
| 2 | 8 | 9 | 4 | 7 | 5 | 6 | 3 | 1 |
| 8 | 4 | 1 | 9 | 5 | 3 | 2 | 7 | 6 |
| 3 | 2 | 7 | 8 | 6 | 1 | 5 | 4 | 9 |
| 5 | 9 | 6 | 7 | 2 | 4 | 1 | 8 | 3 |

## #30

| 2 | 8 | 3 | 6 | 7 | 4 | 5 | 9 | 1 |
|---|---|---|---|---|---|---|---|---|
| 1 | 6 | 5 | 8 | 9 | 2 | 7 | 4 | 3 |
| 4 | 9 | 7 | 5 | 3 | 1 | 2 | 8 | 6 |
| 6 | 1 | 2 | 9 | 5 | 7 | 8 | 3 | 4 |
| 3 | 5 | 4 | 2 | 6 | 8 | 1 | 7 | 9 |
| 8 | 7 | 9 | 1 | 4 | 3 | 6 | 5 | 2 |
| 5 | 4 | 1 | 3 | 8 | 6 | 9 | 2 | 7 |
| 7 | 2 | 8 | 4 | 1 | 9 | 3 | 6 | 5 |
| 9 | 3 | 6 | 7 | 2 | 5 | 4 | 1 | 8 |

## #31

| 2 | 5 | 1 | 7 | 3 | 4 | 8 | 9 | 6 |
|---|---|---|---|---|---|---|---|---|
| 9 | 7 | 4 | 8 | 1 | 6 | 2 | 3 | 5 |
| 8 | 6 | 3 | 5 | 2 | 9 | 4 | 1 | 7 |
| 6 | 2 | 9 | 3 | 8 | 7 | 1 | 5 | 4 |
| 3 | 1 | 7 | 2 | 4 | 5 | 6 | 8 | 9 |
| 4 | 8 | 5 | 9 | 6 | 1 | 7 | 2 | 3 |
| 1 | 9 | 8 | 6 | 7 | 3 | 5 | 4 | 2 |
| 5 | 4 | 6 | 1 | 9 | 2 | 3 | 7 | 8 |
| 7 | 3 | 2 | 4 | 5 | 8 | 9 | 6 | 1 |

## #34

| 3 | 8 | 5 | 1 | 9 | 6 | 2 | 7 | 4 |
|---|---|---|---|---|---|---|---|---|
| 6 | 7 | 1 | 5 | 2 | 4 | 8 | 3 | 9 |
| 2 | 4 | 9 | 7 | 3 | 8 | 6 | 5 | 1 |
| 7 | 6 | 4 | 3 | 5 | 1 | 9 | 8 | 2 |
| 9 | 1 | 2 | 4 | 8 | 7 | 3 | 6 | 5 |
| 8 | 5 | 3 | 9 | 6 | 2 | 1 | 4 | 7 |
| 1 | 3 | 7 | 6 | 4 | 9 | 5 | 2 | 8 |
| 4 | 2 | 6 | 8 | 1 | 5 | 7 | 9 | 3 |
| 5 | 9 | 8 | 2 | 7 | 3 | 4 | 1 | 6 |

## #32

| 1 | 2 | 8 | 4 | 7 | 9 | 6 | 3 | 5 |
|---|---|---|---|---|---|---|---|---|
| 9 | 6 | 5 | 3 | 2 | 8 | 4 | 7 | 1 |
| 7 | 4 | 3 | 5 | 1 | 6 | 8 | 2 | 9 |
| 5 | 8 | 9 | 6 | 3 | 2 | 1 | 4 | 7 |
| 3 | 7 | 2 | 1 | 9 | 4 | 5 | 8 | 6 |
| 6 | 1 | 4 | 7 | 8 | 5 | 2 | 9 | 3 |
| 2 | 3 | 6 | 8 | 5 | 7 | 9 | 1 | 4 |
| 4 | 9 | 7 | 2 | 6 | 1 | 3 | 5 | 8 |
| 8 | 5 | 1 | 9 | 4 | 3 | 7 | 6 | 2 |

## #35

| 5 | 6 | 7 | 3 | 9 | 4 | 1 | 2 | 8 |
|---|---|---|---|---|---|---|---|---|
| 3 | 8 | 9 | 5 | 2 | 1 | 4 | 7 | 6 |
| 4 | 2 | 1 | 6 | 8 | 7 | 9 | 5 | 3 |
| 9 | 5 | 3 | 2 | 1 | 8 | 7 | 6 | 4 |
| 2 | 1 | 8 | 7 | 4 | 6 | 3 | 9 | 5 |
| 6 | 7 | 4 | 9 | 5 | 3 | 8 | 1 | 2 |
| 1 | 3 | 2 | 8 | 7 | 5 | 6 | 4 | 9 |
| 8 | 4 | 5 | 1 | 6 | 9 | 2 | 3 | 7 |
| 7 | 9 | 6 | 4 | 3 | 2 | 5 | 8 | 1 |

## #33

| 7 | 9 | 6 | 4 | 3 | 2 | 5 | 8 | 1 |
|---|---|---|---|---|---|---|---|---|
| 1 | 4 | 3 | 8 | 7 | 5 | 2 | 6 | 9 |
| 8 | 2 | 5 | 6 | 9 | 1 | 3 | 7 | 4 |
| 6 | 7 | 4 | 3 | 5 | 9 | 1 | 2 | 8 |
| 3 | 5 | 2 | 1 | 6 | 8 | 9 | 4 | 7 |
| 9 | 1 | 8 | 7 | 2 | 4 | 6 | 3 | 5 |
| 4 | 8 | 9 | 2 | 1 | 6 | 7 | 5 | 3 |
| 5 | 6 | 7 | 9 | 4 | 3 | 8 | 1 | 2 |
| 2 | 3 | 1 | 5 | 8 | 7 | 4 | 9 | 6 |

## #36

| 8 | 6 | 2 | 3 | 7 | 1 | 9 | 4 | 5 |
|---|---|---|---|---|---|---|---|---|
| 5 | 1 | 9 | 2 | 4 | 6 | 7 | 3 | 8 |
| 3 | 4 | 7 | 9 | 5 | 8 | 2 | 6 | 1 |
| 1 | 9 | 4 | 8 | 6 | 7 | 5 | 2 | 3 |
| 7 | 3 | 8 | 1 | 2 | 5 | 6 | 9 | 4 |
| 6 | 2 | 5 | 4 | 3 | 9 | 8 | 1 | 7 |
| 4 | 8 | 1 | 7 | 9 | 2 | 3 | 5 | 6 |
| 9 | 5 | 3 | 6 | 8 | 4 | 1 | 7 | 2 |
| 2 | 7 | 6 | 5 | 1 | 3 | 4 | 8 | 9 |

## #37

| 1 | 3 | 5 | 7 | 2 | 8 | 9 | 4 | 6 |
|---|---|---|---|---|---|---|---|---|
| 7 | 4 | 8 | 1 | 9 | 6 | 3 | 2 | 5 |
| 6 | 9 | 2 | 5 | 4 | 3 | 7 | 1 | 8 |
| 3 | 7 | 9 | 6 | 8 | 2 | 4 | 5 | 1 |
| 8 | 2 | 1 | 3 | 5 | 4 | 6 | 7 | 9 |
| 5 | 6 | 4 | 9 | 7 | 1 | 2 | 8 | 3 |
| 9 | 8 | 6 | 4 | 1 | 7 | 5 | 3 | 2 |
| 4 | 1 | 3 | 2 | 6 | 5 | 8 | 9 | 7 |
| 2 | 5 | 7 | 8 | 3 | 9 | 1 | 6 | 4 |

## #40

| 9 | 8 | 5 | 2 | 1 | 4 | 3 | 6 | 7 |
|---|---|---|---|---|---|---|---|---|
| 2 | 4 | 7 | 3 | 5 | 6 | 9 | 1 | 8 |
| 6 | 1 | 3 | 9 | 8 | 7 | 4 | 2 | 5 |
| 3 | 5 | 1 | 8 | 2 | 9 | 7 | 4 | 6 |
| 4 | 6 | 9 | 1 | 7 | 3 | 8 | 5 | 2 |
| 7 | 2 | 8 | 4 | 6 | 5 | 1 | 3 | 9 |
| 5 | 3 | 2 | 7 | 9 | 1 | 6 | 8 | 4 |
| 8 | 7 | 4 | 6 | 3 | 2 | 5 | 9 | 1 |
| 1 | 9 | 6 | 5 | 4 | 8 | 2 | 7 | 3 |

## #38

| 9 | 4 | 7 | 1 | 8 | 3 | 2 | 6 | 5 |
|---|---|---|---|---|---|---|---|---|
| 2 | 1 | 6 | 5 | 7 | 4 | 3 | 9 | 8 |
| 8 | 3 | 5 | 9 | 2 | 6 | 1 | 4 | 7 |
| 1 | 9 | 4 | 3 | 6 | 7 | 8 | 5 | 2 |
| 3 | 7 | 2 | 4 | 5 | 8 | 9 | 1 | 6 |
| 5 | 6 | 8 | 2 | 1 | 9 | 7 | 3 | 4 |
| 7 | 8 | 9 | 6 | 3 | 5 | 4 | 2 | 1 |
| 4 | 5 | 1 | 8 | 9 | 2 | 6 | 7 | 3 |
| 6 | 2 | 3 | 7 | 4 | 1 | 5 | 8 | 9 |

## #41

| 4 | 8 | 9 | 2 | 7 | 1 | 6 | 3 | 5 |
|---|---|---|---|---|---|---|---|---|
| 1 | 7 | 6 | 3 | 9 | 5 | 2 | 4 | 8 |
| 2 | 3 | 5 | 8 | 4 | 6 | 7 | 9 | 1 |
| 3 | 5 | 2 | 4 | 6 | 7 | 1 | 8 | 9 |
| 9 | 4 | 8 | 1 | 2 | 3 | 5 | 6 | 7 |
| 6 | 1 | 7 | 9 | 5 | 8 | 3 | 2 | 4 |
| 7 | 9 | 3 | 5 | 8 | 2 | 4 | 1 | 6 |
| 8 | 6 | 1 | 7 | 3 | 4 | 9 | 5 | 2 |
| 5 | 2 | 4 | 6 | 1 | 9 | 8 | 7 | 3 |

## #39

| 2 | 5 | 1 | 6 | 7 | 3 | 4 | 8 | 9 |
|---|---|---|---|---|---|---|---|---|
| 7 | 4 | 3 | 8 | 5 | 9 | 6 | 1 | 2 |
| 6 | 9 | 8 | 1 | 2 | 4 | 7 | 5 | 3 |
| 5 | 6 | 4 | 2 | 8 | 1 | 9 | 3 | 7 |
| 9 | 8 | 2 | 3 | 6 | 7 | 1 | 4 | 5 |
| 1 | 3 | 7 | 9 | 4 | 5 | 8 | 2 | 6 |
| 4 | 2 | 6 | 7 | 3 | 8 | 5 | 9 | 1 |
| 3 | 1 | 5 | 4 | 9 | 6 | 2 | 7 | 8 |
| 8 | 7 | 9 | 5 | 1 | 2 | 3 | 6 | 4 |

## #42

| 6 | 4 | 9 | 2 | 3 | 5 | 1 | 8 | 7 |
|---|---|---|---|---|---|---|---|---|
| 3 | 7 | 8 | 4 | 1 | 6 | 9 | 5 | 2 |
| 5 | 2 | 1 | 9 | 7 | 8 | 3 | 6 | 4 |
| 4 | 1 | 6 | 3 | 5 | 9 | 2 | 7 | 8 |
| 9 | 8 | 7 | 1 | 6 | 2 | 5 | 4 | 3 |
| 2 | 5 | 3 | 7 | 8 | 4 | 6 | 1 | 9 |
| 7 | 6 | 2 | 8 | 9 | 1 | 4 | 3 | 5 |
| 8 | 9 | 5 | 6 | 4 | 3 | 7 | 2 | 1 |
| 1 | 3 | 4 | 5 | 2 | 7 | 8 | 9 | 6 |

## #43

| 9 | 6 | 3 | 8 | 4 | 1 | 2 | 7 | 5 |
|---|---|---|---|---|---|---|---|---|
| 1 | 4 | 8 | 2 | 5 | 7 | 9 | 3 | 6 |
| 2 | 5 | 7 | 9 | 6 | 3 | 1 | 8 | 4 |
| 5 | 3 | 6 | 4 | 2 | 8 | 7 | 9 | 1 |
| 7 | 2 | 1 | 5 | 3 | 9 | 4 | 6 | 8 |
| 8 | 9 | 4 | 1 | 7 | 6 | 5 | 2 | 3 |
| 3 | 8 | 9 | 7 | 1 | 4 | 6 | 5 | 2 |
| 6 | 1 | 5 | 3 | 9 | 2 | 8 | 4 | 7 |
| 4 | 7 | 2 | 6 | 8 | 5 | 3 | 1 | 9 |

## #46

| 1 | 9 | 8 | 2 | 5 | 4 | 3 | 7 | 6 |
|---|---|---|---|---|---|---|---|---|
| 6 | 7 | 5 | 1 | 9 | 3 | 2 | 8 | 4 |
| 2 | 3 | 4 | 8 | 6 | 7 | 1 | 9 | 5 |
| 3 | 8 | 2 | 4 | 7 | 5 | 6 | 1 | 9 |
| 5 | 4 | 9 | 3 | 1 | 6 | 8 | 2 | 7 |
| 7 | 1 | 6 | 9 | 2 | 8 | 5 | 4 | 3 |
| 4 | 2 | 1 | 5 | 3 | 9 | 7 | 6 | 8 |
| 8 | 5 | 7 | 6 | 4 | 2 | 9 | 3 | 1 |
| 9 | 6 | 3 | 7 | 8 | 1 | 4 | 5 | 2 |

## #44

| 1 | 3 | 7 | 8 | 2 | 4 | 5 | 9 | 6 |
|---|---|---|---|---|---|---|---|---|
| 8 | 2 | 6 | 5 | 9 | 3 | 4 | 7 | 1 |
| 4 | 5 | 9 | 6 | 7 | 1 | 8 | 3 | 2 |
| 5 | 9 | 4 | 2 | 1 | 7 | 3 | 6 | 8 |
| 6 | 8 | 2 | 9 | 3 | 5 | 1 | 4 | 7 |
| 3 | 7 | 1 | 4 | 8 | 6 | 2 | 5 | 9 |
| 2 | 1 | 3 | 7 | 4 | 9 | 6 | 8 | 5 |
| 9 | 4 | 5 | 1 | 6 | 8 | 7 | 2 | 3 |
| 7 | 6 | 8 | 3 | 5 | 2 | 9 | 1 | 4 |

## #47

| 3 | 9 | 7 | 2 | 4 | 6 | 5 | 8 | 1 |
|---|---|---|---|---|---|---|---|---|
| 2 | 4 | 8 | 1 | 3 | 5 | 9 | 6 | 7 |
| 6 | 1 | 5 | 8 | 7 | 9 | 4 | 3 | 2 |
| 8 | 7 | 1 | 4 | 2 | 3 | 6 | 5 | 9 |
| 4 | 5 | 6 | 7 | 9 | 8 | 1 | 2 | 3 |
| 9 | 2 | 3 | 6 | 5 | 1 | 7 | 4 | 8 |
| 5 | 3 | 4 | 9 | 8 | 7 | 2 | 1 | 6 |
| 7 | 6 | 2 | 3 | 1 | 4 | 8 | 9 | 5 |
| 1 | 8 | 9 | 5 | 6 | 2 | 3 | 7 | 4 |

## #45

| 7 | 8 | 6 | 4 | 2 | 9 | 1 | 5 | 3 |
|---|---|---|---|---|---|---|---|---|
| 5 | 3 | 9 | 6 | 7 | 1 | 2 | 4 | 8 |
| 4 | 2 | 1 | 3 | 5 | 8 | 7 | 6 | 9 |
| 6 | 7 | 4 | 1 | 3 | 2 | 9 | 8 | 5 |
| 9 | 1 | 2 | 8 | 6 | 5 | 3 | 7 | 4 |
| 8 | 5 | 3 | 9 | 4 | 7 | 6 | 1 | 2 |
| 2 | 9 | 5 | 7 | 8 | 6 | 4 | 3 | 1 |
| 1 | 4 | 7 | 5 | 9 | 3 | 8 | 2 | 6 |
| 3 | 6 | 8 | 2 | 1 | 4 | 5 | 9 | 7 |

## #48

| 8 | 1 | 4 | 5 | 3 | 2 | 9 | 7 | 6 |
|---|---|---|---|---|---|---|---|---|
| 9 | 3 | 5 | 7 | 8 | 6 | 4 | 1 | 2 |
| 2 | 6 | 7 | 1 | 9 | 4 | 8 | 5 | 3 |
| 3 | 2 | 6 | 8 | 7 | 5 | 1 | 9 | 4 |
| 5 | 9 | 8 | 4 | 6 | 1 | 2 | 3 | 7 |
| 7 | 4 | 1 | 9 | 2 | 3 | 5 | 6 | 8 |
| 4 | 8 | 3 | 6 | 5 | 9 | 7 | 2 | 1 |
| 1 | 5 | 2 | 3 | 4 | 7 | 6 | 8 | 9 |
| 6 | 7 | 9 | 2 | 1 | 8 | 3 | 4 | 5 |

## #49

| 5 | 1 | 3 | 6 | 9 | 7 | 2 | 4 | 8 |
|---|---|---|---|---|---|---|---|---|
| 8 | 6 | 9 | 5 | 2 | 4 | 3 | 1 | 7 |
| 4 | 2 | 7 | 1 | 3 | 8 | 6 | 5 | 9 |
| 6 | 5 | 2 | 8 | 7 | 1 | 9 | 3 | 4 |
| 9 | 4 | 1 | 2 | 6 | 3 | 7 | 8 | 5 |
| 3 | 7 | 8 | 9 | 4 | 5 | 1 | 6 | 2 |
| 1 | 9 | 6 | 4 | 5 | 2 | 8 | 7 | 3 |
| 2 | 3 | 5 | 7 | 8 | 6 | 4 | 9 | 1 |
| 7 | 8 | 4 | 3 | 1 | 9 | 5 | 2 | 6 |

## #52

| 7 | 2 | 5 | 8 | 9 | 1 | 6 | 3 | 4 |
|---|---|---|---|---|---|---|---|---|
| 1 | 9 | 6 | 2 | 3 | 4 | 8 | 7 | 5 |
| 4 | 3 | 8 | 7 | 6 | 5 | 2 | 9 | 1 |
| 8 | 6 | 7 | 3 | 5 | 9 | 1 | 4 | 2 |
| 2 | 5 | 1 | 4 | 8 | 7 | 9 | 6 | 3 |
| 9 | 4 | 3 | 1 | 2 | 6 | 7 | 5 | 8 |
| 6 | 1 | 2 | 9 | 4 | 3 | 5 | 8 | 7 |
| 3 | 7 | 9 | 5 | 1 | 8 | 4 | 2 | 6 |
| 5 | 8 | 4 | 6 | 7 | 2 | 3 | 1 | 9 |

## #50

| 4 | 8 | 3 | 6 | 7 | 9 | 5 | 2 | 1 |
|---|---|---|---|---|---|---|---|---|
| 2 | 1 | 6 | 5 | 3 | 4 | 7 | 9 | 8 |
| 9 | 7 | 5 | 2 | 1 | 8 | 6 | 4 | 3 |
| 1 | 6 | 8 | 4 | 2 | 3 | 9 | 7 | 5 |
| 7 | 9 | 2 | 1 | 5 | 6 | 8 | 3 | 4 |
| 5 | 3 | 4 | 9 | 8 | 7 | 2 | 1 | 6 |
| 8 | 2 | 7 | 3 | 4 | 5 | 1 | 6 | 9 |
| 6 | 4 | 1 | 8 | 9 | 2 | 3 | 5 | 7 |
| 3 | 5 | 9 | 7 | 6 | 1 | 4 | 8 | 2 |

## #53

| 1 | 4 | 7 | 5 | 3 | 6 | 2 | 8 | 9 |
|---|---|---|---|---|---|---|---|---|
| 6 | 9 | 2 | 1 | 8 | 7 | 3 | 5 | 4 |
| 3 | 8 | 5 | 2 | 9 | 4 | 7 | 1 | 6 |
| 7 | 1 | 9 | 8 | 6 | 3 | 4 | 2 | 5 |
| 5 | 2 | 8 | 9 | 4 | 1 | 6 | 7 | 3 |
| 4 | 3 | 6 | 7 | 2 | 5 | 8 | 9 | 1 |
| 9 | 5 | 4 | 3 | 7 | 8 | 1 | 6 | 2 |
| 8 | 6 | 1 | 4 | 5 | 2 | 9 | 3 | 7 |
| 2 | 7 | 3 | 6 | 1 | 9 | 5 | 4 | 8 |

## #51

| 9 | 4 | 7 | 1 | 5 | 6 | 8 | 3 | 2 |
|---|---|---|---|---|---|---|---|---|
| 5 | 3 | 1 | 9 | 8 | 2 | 6 | 4 | 7 |
| 8 | 2 | 6 | 7 | 4 | 3 | 9 | 5 | 1 |
| 6 | 8 | 3 | 5 | 7 | 9 | 1 | 2 | 4 |
| 4 | 7 | 5 | 6 | 2 | 1 | 3 | 9 | 8 |
| 2 | 1 | 9 | 8 | 3 | 4 | 7 | 6 | 5 |
| 7 | 9 | 4 | 2 | 6 | 8 | 5 | 1 | 3 |
| 1 | 5 | 2 | 3 | 9 | 7 | 4 | 8 | 6 |
| 3 | 6 | 8 | 4 | 1 | 5 | 2 | 7 | 9 |

## #54

| 1 | 7 | 6 | 5 | 3 | 8 | 2 | 9 | 4 |
|---|---|---|---|---|---|---|---|---|
| 2 | 9 | 4 | 1 | 6 | 7 | 8 | 3 | 5 |
| 8 | 3 | 5 | 9 | 2 | 4 | 7 | 6 | 1 |
| 7 | 5 | 3 | 8 | 9 | 2 | 1 | 4 | 6 |
| 6 | 2 | 9 | 3 | 4 | 1 | 5 | 8 | 7 |
| 4 | 8 | 1 | 7 | 5 | 6 | 3 | 2 | 9 |
| 3 | 6 | 7 | 4 | 8 | 5 | 9 | 1 | 2 |
| 9 | 1 | 2 | 6 | 7 | 3 | 4 | 5 | 8 |
| 5 | 4 | 8 | 2 | 1 | 9 | 6 | 7 | 3 |

## #55

| 1 | 4 | 3 | 7 | 8 | 9 | 6 | 2 | 5 |
|---|---|---|---|---|---|---|---|---|
| 5 | 7 | 2 | 1 | 3 | 6 | 8 | 9 | 4 |
| 9 | 6 | 8 | 5 | 2 | 4 | 1 | 3 | 7 |
| 2 | 8 | 1 | 9 | 5 | 7 | 4 | 6 | 3 |
| 6 | 3 | 7 | 4 | 1 | 2 | 5 | 8 | 9 |
| 4 | 5 | 9 | 8 | 6 | 3 | 2 | 7 | 1 |
| 7 | 9 | 6 | 2 | 4 | 5 | 3 | 1 | 8 |
| 3 | 1 | 4 | 6 | 9 | 8 | 7 | 5 | 2 |
| 8 | 2 | 5 | 3 | 7 | 1 | 9 | 4 | 6 |

## #58

| 6 | 4 | 3 | 8 | 9 | 1 | 5 | 2 | 7 |
|---|---|---|---|---|---|---|---|---|
| 1 | 2 | 9 | 6 | 7 | 5 | 4 | 3 | 8 |
| 5 | 7 | 8 | 4 | 2 | 3 | 1 | 9 | 6 |
| 8 | 3 | 2 | 5 | 1 | 4 | 7 | 6 | 9 |
| 9 | 1 | 4 | 2 | 6 | 7 | 3 | 8 | 5 |
| 7 | 5 | 6 | 9 | 3 | 8 | 2 | 1 | 4 |
| 3 | 6 | 5 | 1 | 4 | 9 | 8 | 7 | 2 |
| 2 | 8 | 1 | 7 | 5 | 6 | 9 | 4 | 3 |
| 4 | 9 | 7 | 3 | 8 | 2 | 6 | 5 | 1 |

## #56

| 9 | 1 | 3 | 5 | 2 | 8 | 4 | 7 | 6 |
|---|---|---|---|---|---|---|---|---|
| 8 | 4 | 6 | 7 | 1 | 9 | 2 | 5 | 3 |
| 7 | 5 | 2 | 3 | 6 | 4 | 8 | 9 | 1 |
| 2 | 3 | 8 | 4 | 9 | 6 | 7 | 1 | 5 |
| 1 | 7 | 9 | 8 | 3 | 5 | 6 | 4 | 2 |
| 5 | 6 | 4 | 1 | 7 | 2 | 3 | 8 | 9 |
| 3 | 2 | 1 | 9 | 4 | 7 | 5 | 6 | 8 |
| 6 | 8 | 7 | 2 | 5 | 1 | 9 | 3 | 4 |
| 4 | 9 | 5 | 6 | 8 | 3 | 1 | 2 | 7 |

## #59

| 7 | 9 | 4 | 6 | 3 | 1 | 8 | 2 | 5 |
|---|---|---|---|---|---|---|---|---|
| 6 | 3 | 5 | 8 | 4 | 2 | 7 | 1 | 9 |
| 8 | 2 | 1 | 7 | 9 | 5 | 4 | 3 | 6 |
| 5 | 4 | 3 | 9 | 7 | 6 | 1 | 8 | 2 |
| 9 | 1 | 6 | 4 | 2 | 8 | 5 | 7 | 3 |
| 2 | 7 | 8 | 1 | 5 | 3 | 9 | 6 | 4 |
| 3 | 8 | 9 | 5 | 6 | 7 | 2 | 4 | 1 |
| 1 | 5 | 2 | 3 | 8 | 4 | 6 | 9 | 7 |
| 4 | 6 | 7 | 2 | 1 | 9 | 3 | 5 | 8 |

## #57

| 1 | 9 | 8 | 4 | 3 | 7 | 2 | 5 | 6 |
|---|---|---|---|---|---|---|---|---|
| 5 | 3 | 2 | 6 | 9 | 8 | 7 | 1 | 4 |
| 7 | 4 | 6 | 1 | 2 | 5 | 9 | 8 | 3 |
| 2 | 1 | 7 | 3 | 4 | 6 | 8 | 9 | 5 |
| 6 | 5 | 9 | 8 | 1 | 2 | 4 | 3 | 7 |
| 4 | 8 | 3 | 7 | 5 | 9 | 6 | 2 | 1 |
| 8 | 2 | 4 | 5 | 7 | 3 | 1 | 6 | 9 |
| 9 | 7 | 5 | 2 | 6 | 1 | 3 | 4 | 8 |
| 3 | 6 | 1 | 9 | 8 | 4 | 5 | 7 | 2 |

## #60

| 6 | 9 | 2 | 7 | 4 | 3 | 5 | 8 | 1 |
|---|---|---|---|---|---|---|---|---|
| 5 | 1 | 7 | 8 | 9 | 2 | 6 | 4 | 3 |
| 3 | 8 | 4 | 5 | 6 | 1 | 9 | 7 | 2 |
| 9 | 5 | 6 | 3 | 2 | 8 | 7 | 1 | 4 |
| 2 | 7 | 1 | 9 | 5 | 4 | 8 | 3 | 6 |
| 4 | 3 | 8 | 1 | 7 | 6 | 2 | 5 | 9 |
| 8 | 2 | 5 | 4 | 3 | 9 | 1 | 6 | 7 |
| 7 | 4 | 9 | 6 | 1 | 5 | 3 | 2 | 8 |
| 1 | 6 | 3 | 2 | 8 | 7 | 4 | 9 | 5 |

## #61

| 6 | 7 | 2 | 5 | 8 | 3 | 4 | 9 | 1 |
|---|---|---|---|---|---|---|---|---|
| 4 | 5 | 8 | 9 | 2 | 1 | 6 | 7 | 3 |
| 3 | 9 | 1 | 4 | 7 | 6 | 8 | 5 | 2 |
| 7 | 4 | 3 | 8 | 1 | 9 | 5 | 2 | 6 |
| 1 | 2 | 6 | 3 | 5 | 7 | 9 | 4 | 8 |
| 5 | 8 | 9 | 6 | 4 | 2 | 3 | 1 | 7 |
| 2 | 3 | 5 | 7 | 9 | 8 | 1 | 6 | 4 |
| 9 | 6 | 7 | 1 | 3 | 4 | 2 | 8 | 5 |
| 8 | 1 | 4 | 2 | 6 | 5 | 7 | 3 | 9 |

## #64

| 9 | 1 | 5 | 8 | 4 | 2 | 6 | 7 | 3 |
|---|---|---|---|---|---|---|---|---|
| 7 | 4 | 2 | 3 | 1 | 6 | 8 | 9 | 5 |
| 8 | 3 | 6 | 9 | 5 | 7 | 4 | 1 | 2 |
| 2 | 6 | 7 | 5 | 9 | 3 | 1 | 4 | 8 |
| 4 | 9 | 3 | 6 | 8 | 1 | 2 | 5 | 7 |
| 5 | 8 | 1 | 2 | 7 | 4 | 3 | 6 | 9 |
| 6 | 7 | 8 | 4 | 3 | 9 | 5 | 2 | 1 |
| 3 | 2 | 9 | 1 | 6 | 5 | 7 | 8 | 4 |
| 1 | 5 | 4 | 7 | 2 | 8 | 9 | 3 | 6 |

## #62

| 4 | 7 | 9 | 6 | 2 | 8 | 1 | 5 | 3 |
|---|---|---|---|---|---|---|---|---|
| 2 | 6 | 3 | 9 | 5 | 1 | 7 | 4 | 8 |
| 1 | 5 | 8 | 3 | 7 | 4 | 6 | 9 | 2 |
| 5 | 8 | 4 | 7 | 3 | 2 | 9 | 6 | 1 |
| 9 | 2 | 7 | 8 | 1 | 6 | 5 | 3 | 4 |
| 6 | 3 | 1 | 5 | 4 | 9 | 8 | 2 | 7 |
| 7 | 4 | 2 | 1 | 6 | 5 | 3 | 8 | 9 |
| 3 | 9 | 5 | 2 | 8 | 7 | 4 | 1 | 6 |
| 8 | 1 | 6 | 4 | 9 | 3 | 2 | 7 | 5 |

## #65

| 2 | 8 | 3 | 6 | 7 | 5 | 9 | 1 | 4 |
|---|---|---|---|---|---|---|---|---|
| 5 | 7 | 9 | 4 | 3 | 1 | 8 | 2 | 6 |
| 6 | 4 | 1 | 8 | 2 | 9 | 3 | 5 | 7 |
| 4 | 2 | 6 | 5 | 8 | 7 | 1 | 3 | 9 |
| 9 | 1 | 8 | 3 | 6 | 2 | 4 | 7 | 5 |
| 7 | 3 | 5 | 1 | 9 | 4 | 2 | 6 | 8 |
| 1 | 6 | 4 | 9 | 5 | 3 | 7 | 8 | 2 |
| 3 | 5 | 7 | 2 | 4 | 8 | 6 | 9 | 1 |
| 8 | 9 | 2 | 7 | 1 | 6 | 5 | 4 | 3 |

## #63

| 5 | 1 | 3 | 6 | 2 | 9 | 4 | 7 | 8 |
|---|---|---|---|---|---|---|---|---|
| 9 | 2 | 7 | 1 | 4 | 8 | 3 | 6 | 5 |
| 4 | 8 | 6 | 7 | 5 | 3 | 9 | 2 | 1 |
| 3 | 6 | 9 | 5 | 7 | 4 | 1 | 8 | 2 |
| 8 | 5 | 4 | 9 | 1 | 2 | 7 | 3 | 6 |
| 2 | 7 | 1 | 3 | 8 | 6 | 5 | 4 | 9 |
| 1 | 9 | 2 | 8 | 3 | 7 | 6 | 5 | 4 |
| 6 | 3 | 8 | 4 | 9 | 5 | 2 | 1 | 7 |
| 7 | 4 | 5 | 2 | 6 | 1 | 8 | 9 | 3 |

## #66

| 2 | 4 | 1 | 5 | 7 | 6 | 3 | 8 | 9 |
|---|---|---|---|---|---|---|---|---|
| 6 | 3 | 5 | 8 | 2 | 9 | 1 | 4 | 7 |
| 8 | 9 | 7 | 4 | 3 | 1 | 2 | 6 | 5 |
| 1 | 7 | 8 | 6 | 4 | 3 | 9 | 5 | 2 |
| 3 | 2 | 4 | 1 | 9 | 5 | 6 | 7 | 8 |
| 5 | 6 | 9 | 7 | 8 | 2 | 4 | 1 | 3 |
| 4 | 8 | 2 | 9 | 1 | 7 | 5 | 3 | 6 |
| 7 | 5 | 3 | 2 | 6 | 4 | 8 | 9 | 1 |
| 9 | 1 | 6 | 3 | 5 | 8 | 7 | 2 | 4 |

## #67

| 3 | 2 | 6 | 5 | 1 | 9 | 7 | 8 | 4 |
|---|---|---|---|---|---|---|---|---|
| 8 | 7 | 1 | 3 | 2 | 4 | 6 | 9 | 5 |
| 4 | 5 | 9 | 8 | 7 | 6 | 2 | 1 | 3 |
| 7 | 6 | 3 | 2 | 4 | 1 | 8 | 5 | 9 |
| 5 | 9 | 4 | 6 | 8 | 7 | 3 | 2 | 1 |
| 2 | 1 | 8 | 9 | 5 | 3 | 4 | 6 | 7 |
| 6 | 8 | 7 | 1 | 3 | 5 | 9 | 4 | 2 |
| 1 | 3 | 2 | 4 | 9 | 8 | 5 | 7 | 6 |
| 9 | 4 | 5 | 7 | 6 | 2 | 1 | 3 | 8 |

## #70

| 3 | 7 | 1 | 2 | 8 | 9 | 4 | 5 | 6 |
|---|---|---|---|---|---|---|---|---|
| 4 | 6 | 5 | 1 | 7 | 3 | 9 | 8 | 2 |
| 8 | 2 | 9 | 6 | 4 | 5 | 3 | 1 | 7 |
| 1 | 8 | 7 | 4 | 5 | 6 | 2 | 3 | 9 |
| 5 | 3 | 6 | 7 | 9 | 2 | 8 | 4 | 1 |
| 9 | 4 | 2 | 3 | 1 | 8 | 6 | 7 | 5 |
| 7 | 9 | 8 | 5 | 6 | 4 | 1 | 2 | 3 |
| 2 | 5 | 4 | 9 | 3 | 1 | 7 | 6 | 8 |
| 6 | 1 | 3 | 8 | 2 | 7 | 5 | 9 | 4 |

## #68

| 7 | 4 | 3 | 1 | 8 | 5 | 6 | 9 | 2 |
|---|---|---|---|---|---|---|---|---|
| 9 | 8 | 5 | 6 | 2 | 4 | 3 | 7 | 1 |
| 2 | 6 | 1 | 9 | 7 | 3 | 4 | 5 | 8 |
| 6 | 5 | 9 | 3 | 1 | 2 | 8 | 4 | 7 |
| 3 | 7 | 8 | 5 | 4 | 9 | 2 | 1 | 6 |
| 4 | 1 | 2 | 8 | 6 | 7 | 9 | 3 | 5 |
| 1 | 2 | 4 | 7 | 3 | 8 | 5 | 6 | 9 |
| 5 | 3 | 7 | 2 | 9 | 6 | 1 | 8 | 4 |
| 8 | 9 | 6 | 4 | 5 | 1 | 7 | 2 | 3 |

## #71

| 9 | 6 | 4 | 8 | 5 | 1 | 3 | 2 | 7 |
|---|---|---|---|---|---|---|---|---|
| 7 | 8 | 1 | 6 | 3 | 2 | 5 | 4 | 9 |
| 3 | 5 | 2 | 9 | 4 | 7 | 8 | 1 | 6 |
| 6 | 9 | 7 | 1 | 2 | 3 | 4 | 5 | 8 |
| 8 | 1 | 3 | 4 | 6 | 5 | 7 | 9 | 2 |
| 2 | 4 | 5 | 7 | 9 | 8 | 1 | 6 | 3 |
| 4 | 7 | 6 | 5 | 8 | 9 | 2 | 3 | 1 |
| 1 | 3 | 9 | 2 | 7 | 4 | 6 | 8 | 5 |
| 5 | 2 | 8 | 3 | 1 | 6 | 9 | 7 | 4 |

## #69

| 8 | 3 | 9 | 7 | 4 | 5 | 6 | 1 | 2 |
|---|---|---|---|---|---|---|---|---|
| 6 | 2 | 5 | 1 | 3 | 8 | 9 | 4 | 7 |
| 4 | 7 | 1 | 2 | 6 | 9 | 3 | 8 | 5 |
| 7 | 9 | 4 | 3 | 2 | 1 | 8 | 5 | 6 |
| 5 | 1 | 8 | 4 | 9 | 6 | 7 | 2 | 3 |
| 3 | 6 | 2 | 5 | 8 | 7 | 4 | 9 | 1 |
| 1 | 5 | 3 | 9 | 7 | 4 | 2 | 6 | 8 |
| 9 | 8 | 7 | 6 | 5 | 2 | 1 | 3 | 4 |
| 2 | 4 | 6 | 8 | 1 | 3 | 5 | 7 | 9 |

## #72

| 2 | 6 | 4 | 5 | 3 | 9 | 7 | 8 | 1 |
|---|---|---|---|---|---|---|---|---|
| 9 | 5 | 1 | 7 | 4 | 8 | 2 | 6 | 3 |
| 3 | 7 | 8 | 1 | 6 | 2 | 4 | 5 | 9 |
| 1 | 8 | 3 | 9 | 7 | 4 | 5 | 2 | 6 |
| 7 | 2 | 6 | 3 | 8 | 5 | 9 | 1 | 4 |
| 5 | 4 | 9 | 2 | 1 | 6 | 8 | 3 | 7 |
| 4 | 9 | 2 | 6 | 5 | 3 | 1 | 7 | 8 |
| 6 | 1 | 5 | 8 | 9 | 7 | 3 | 4 | 2 |
| 8 | 3 | 7 | 4 | 2 | 1 | 6 | 9 | 5 |

## #73

| 1 | 3 | 8 | 2 | 9 | 5 | 4 | 6 | 7 |
| 9 | 7 | 2 | 4 | 6 | 8 | 1 | 3 | 5 |
| 6 | 4 | 5 | 1 | 3 | 7 | 9 | 8 | 2 |
| 3 | 6 | 9 | 5 | 7 | 4 | 8 | 2 | 1 |
| 8 | 2 | 4 | 6 | 1 | 9 | 5 | 7 | 3 |
| 5 | 1 | 7 | 3 | 8 | 2 | 6 | 4 | 9 |
| 4 | 8 | 1 | 7 | 5 | 3 | 2 | 9 | 6 |
| 7 | 9 | 6 | 8 | 2 | 1 | 3 | 5 | 4 |
| 2 | 5 | 3 | 9 | 4 | 6 | 7 | 1 | 8 |

## #76

| 2 | 1 | 9 | 3 | 4 | 8 | 7 | 5 | 6 |
| 3 | 7 | 4 | 6 | 1 | 5 | 8 | 9 | 2 |
| 8 | 6 | 5 | 2 | 9 | 7 | 3 | 1 | 4 |
| 7 | 4 | 6 | 8 | 5 | 2 | 9 | 3 | 1 |
| 9 | 3 | 2 | 7 | 6 | 1 | 4 | 8 | 5 |
| 1 | 5 | 8 | 4 | 3 | 9 | 2 | 6 | 7 |
| 4 | 2 | 1 | 5 | 8 | 3 | 6 | 7 | 9 |
| 6 | 9 | 3 | 1 | 7 | 4 | 5 | 2 | 8 |
| 5 | 8 | 7 | 9 | 2 | 6 | 1 | 4 | 3 |

## #74

| 6 | 7 | 9 | 8 | 2 | 5 | 4 | 3 | 1 |
| 1 | 2 | 5 | 9 | 4 | 3 | 8 | 7 | 6 |
| 3 | 8 | 4 | 7 | 1 | 6 | 2 | 9 | 5 |
| 2 | 3 | 7 | 4 | 5 | 1 | 9 | 6 | 8 |
| 5 | 6 | 8 | 2 | 3 | 9 | 1 | 4 | 7 |
| 9 | 4 | 1 | 6 | 8 | 7 | 3 | 5 | 2 |
| 7 | 1 | 2 | 3 | 6 | 4 | 5 | 8 | 9 |
| 4 | 5 | 6 | 1 | 9 | 8 | 7 | 2 | 3 |
| 8 | 9 | 3 | 5 | 7 | 2 | 6 | 1 | 4 |

## #77

| 9 | 6 | 7 | 2 | 4 | 1 | 5 | 8 | 3 |
| 2 | 5 | 4 | 9 | 3 | 8 | 6 | 7 | 1 |
| 3 | 1 | 8 | 7 | 6 | 5 | 9 | 4 | 2 |
| 8 | 2 | 3 | 4 | 9 | 7 | 1 | 6 | 5 |
| 1 | 7 | 6 | 8 | 5 | 2 | 4 | 3 | 9 |
| 4 | 9 | 5 | 6 | 1 | 3 | 7 | 2 | 8 |
| 7 | 4 | 1 | 3 | 8 | 9 | 2 | 5 | 6 |
| 5 | 3 | 2 | 1 | 7 | 6 | 8 | 9 | 4 |
| 6 | 8 | 9 | 5 | 2 | 4 | 3 | 1 | 7 |

## #75

| 8 | 4 | 6 | 7 | 5 | 2 | 9 | 3 | 1 |
| 3 | 9 | 5 | 8 | 6 | 1 | 7 | 2 | 4 |
| 2 | 1 | 7 | 9 | 3 | 4 | 8 | 5 | 6 |
| 4 | 5 | 2 | 1 | 8 | 3 | 6 | 9 | 7 |
| 9 | 7 | 8 | 2 | 4 | 6 | 5 | 1 | 3 |
| 1 | 6 | 3 | 5 | 9 | 7 | 4 | 8 | 2 |
| 6 | 3 | 9 | 4 | 1 | 5 | 2 | 7 | 8 |
| 7 | 8 | 1 | 6 | 2 | 9 | 3 | 4 | 5 |
| 5 | 2 | 4 | 3 | 7 | 8 | 1 | 6 | 9 |

## #78

| 7 | 8 | 1 | 6 | 9 | 5 | 3 | 2 | 4 |
| 9 | 5 | 4 | 3 | 8 | 2 | 1 | 6 | 7 |
| 6 | 3 | 2 | 4 | 1 | 7 | 9 | 5 | 8 |
| 4 | 6 | 9 | 2 | 5 | 8 | 7 | 1 | 3 |
| 5 | 2 | 7 | 9 | 3 | 1 | 4 | 8 | 6 |
| 3 | 1 | 8 | 7 | 4 | 6 | 5 | 9 | 2 |
| 2 | 7 | 5 | 1 | 6 | 4 | 8 | 3 | 9 |
| 1 | 4 | 3 | 8 | 2 | 9 | 6 | 7 | 5 |
| 8 | 9 | 6 | 5 | 7 | 3 | 2 | 4 | 1 |

## #79

| 9 | 2 | 3 | 4 | 6 | 8 | 5 | 1 | 7 |
|---|---|---|---|---|---|---|---|---|
| 1 | 8 | 7 | 5 | 2 | 3 | 4 | 6 | 9 |
| 4 | 5 | 6 | 9 | 7 | 1 | 2 | 8 | 3 |
| 8 | 4 | 9 | 2 | 3 | 6 | 1 | 7 | 5 |
| 3 | 7 | 1 | 8 | 9 | 5 | 6 | 4 | 2 |
| 2 | 6 | 5 | 1 | 4 | 7 | 9 | 3 | 8 |
| 7 | 1 | 8 | 6 | 5 | 9 | 3 | 2 | 4 |
| 5 | 3 | 4 | 7 | 1 | 2 | 8 | 9 | 6 |
| 6 | 9 | 2 | 3 | 8 | 4 | 7 | 5 | 1 |

## #82

| 4 | 7 | 9 | 6 | 2 | 1 | 8 | 5 | 3 |
|---|---|---|---|---|---|---|---|---|
| 1 | 3 | 5 | 9 | 7 | 8 | 6 | 4 | 2 |
| 2 | 6 | 8 | 3 | 4 | 5 | 1 | 7 | 9 |
| 5 | 8 | 4 | 1 | 6 | 2 | 3 | 9 | 7 |
| 7 | 2 | 3 | 5 | 8 | 9 | 4 | 6 | 1 |
| 6 | 9 | 1 | 7 | 3 | 4 | 2 | 8 | 5 |
| 9 | 1 | 2 | 4 | 5 | 6 | 7 | 3 | 8 |
| 8 | 4 | 7 | 2 | 9 | 3 | 5 | 1 | 6 |
| 3 | 5 | 6 | 8 | 1 | 7 | 9 | 2 | 4 |

## #80

| 8 | 7 | 2 | 9 | 3 | 5 | 6 | 1 | 4 |
|---|---|---|---|---|---|---|---|---|
| 3 | 9 | 6 | 1 | 8 | 4 | 7 | 2 | 5 |
| 1 | 4 | 5 | 2 | 6 | 7 | 8 | 9 | 3 |
| 4 | 2 | 7 | 6 | 5 | 3 | 9 | 8 | 1 |
| 6 | 8 | 1 | 4 | 2 | 9 | 3 | 5 | 7 |
| 5 | 3 | 9 | 7 | 1 | 8 | 4 | 6 | 2 |
| 9 | 5 | 4 | 8 | 7 | 2 | 1 | 3 | 6 |
| 2 | 6 | 8 | 3 | 4 | 1 | 5 | 7 | 9 |
| 7 | 1 | 3 | 5 | 9 | 6 | 2 | 4 | 8 |

## #83

| 1 | 6 | 7 | 4 | 8 | 2 | 9 | 3 | 5 |
|---|---|---|---|---|---|---|---|---|
| 2 | 3 | 5 | 9 | 7 | 6 | 1 | 4 | 8 |
| 9 | 8 | 4 | 3 | 1 | 5 | 6 | 7 | 2 |
| 6 | 4 | 1 | 2 | 5 | 7 | 8 | 9 | 3 |
| 3 | 5 | 2 | 8 | 9 | 4 | 7 | 6 | 1 |
| 7 | 9 | 8 | 1 | 6 | 3 | 2 | 5 | 4 |
| 5 | 7 | 3 | 6 | 2 | 1 | 4 | 8 | 9 |
| 8 | 1 | 6 | 5 | 4 | 9 | 3 | 2 | 7 |
| 4 | 2 | 9 | 7 | 3 | 8 | 5 | 1 | 6 |

## #81

| 9 | 5 | 6 | 1 | 8 | 4 | 3 | 7 | 2 |
|---|---|---|---|---|---|---|---|---|
| 3 | 4 | 1 | 9 | 2 | 7 | 8 | 5 | 6 |
| 7 | 8 | 2 | 6 | 5 | 3 | 4 | 9 | 1 |
| 4 | 1 | 3 | 2 | 9 | 6 | 5 | 8 | 7 |
| 5 | 9 | 7 | 4 | 1 | 8 | 2 | 6 | 3 |
| 2 | 6 | 8 | 7 | 3 | 5 | 1 | 4 | 9 |
| 6 | 2 | 5 | 8 | 7 | 1 | 9 | 3 | 4 |
| 8 | 7 | 9 | 3 | 4 | 2 | 6 | 1 | 5 |
| 1 | 3 | 4 | 5 | 6 | 9 | 7 | 2 | 8 |

## #84

| 4 | 3 | 9 | 8 | 2 | 6 | 1 | 5 | 7 |
|---|---|---|---|---|---|---|---|---|
| 8 | 7 | 1 | 3 | 9 | 5 | 6 | 4 | 2 |
| 6 | 5 | 2 | 7 | 1 | 4 | 3 | 8 | 9 |
| 1 | 8 | 5 | 2 | 3 | 7 | 4 | 9 | 6 |
| 7 | 2 | 6 | 1 | 4 | 9 | 5 | 3 | 8 |
| 9 | 4 | 3 | 5 | 6 | 8 | 2 | 7 | 1 |
| 2 | 6 | 8 | 9 | 5 | 3 | 7 | 1 | 4 |
| 3 | 1 | 7 | 4 | 8 | 2 | 9 | 6 | 5 |
| 5 | 9 | 4 | 6 | 7 | 1 | 8 | 2 | 3 |

## #85

| 2 | 4 | 5 | 1 | 8 | 3 | 9 | 6 | 7 |
| 9 | 6 | 8 | 2 | 5 | 7 | 4 | 3 | 1 |
| 1 | 3 | 7 | 6 | 9 | 4 | 5 | 2 | 8 |
| 8 | 2 | 1 | 7 | 6 | 5 | 3 | 9 | 4 |
| 4 | 5 | 3 | 9 | 2 | 1 | 8 | 7 | 6 |
| 6 | 7 | 9 | 4 | 3 | 8 | 2 | 1 | 5 |
| 5 | 8 | 6 | 3 | 1 | 2 | 7 | 4 | 9 |
| 3 | 9 | 4 | 5 | 7 | 6 | 1 | 8 | 2 |
| 7 | 1 | 2 | 8 | 4 | 9 | 6 | 5 | 3 |

## #88

| 3 | 9 | 7 | 4 | 6 | 5 | 8 | 2 | 1 |
| 4 | 2 | 5 | 1 | 7 | 8 | 6 | 3 | 9 |
| 1 | 6 | 8 | 2 | 9 | 3 | 7 | 5 | 4 |
| 8 | 4 | 1 | 5 | 2 | 6 | 9 | 7 | 3 |
| 9 | 5 | 6 | 3 | 4 | 7 | 1 | 8 | 2 |
| 7 | 3 | 2 | 8 | 1 | 9 | 5 | 4 | 6 |
| 5 | 1 | 4 | 6 | 8 | 2 | 3 | 9 | 7 |
| 6 | 8 | 9 | 7 | 3 | 4 | 2 | 1 | 5 |
| 2 | 7 | 3 | 9 | 5 | 1 | 4 | 6 | 8 |

## #86

| 6 | 4 | 2 | 5 | 3 | 9 | 7 | 8 | 1 |
| 8 | 1 | 3 | 2 | 7 | 4 | 6 | 9 | 5 |
| 5 | 7 | 9 | 8 | 1 | 6 | 2 | 4 | 3 |
| 9 | 2 | 8 | 1 | 6 | 5 | 4 | 3 | 7 |
| 7 | 3 | 5 | 4 | 9 | 2 | 1 | 6 | 8 |
| 1 | 6 | 4 | 3 | 8 | 7 | 5 | 2 | 9 |
| 2 | 9 | 6 | 7 | 5 | 3 | 8 | 1 | 4 |
| 3 | 5 | 1 | 6 | 4 | 8 | 9 | 7 | 2 |
| 4 | 8 | 7 | 9 | 2 | 1 | 3 | 5 | 6 |

## #89

| 8 | 1 | 5 | 7 | 4 | 9 | 6 | 2 | 3 |
| 3 | 6 | 4 | 2 | 1 | 8 | 5 | 9 | 7 |
| 2 | 9 | 7 | 6 | 3 | 5 | 8 | 4 | 1 |
| 7 | 5 | 6 | 8 | 2 | 4 | 3 | 1 | 9 |
| 4 | 3 | 9 | 1 | 7 | 6 | 2 | 5 | 8 |
| 1 | 2 | 8 | 9 | 5 | 3 | 4 | 7 | 6 |
| 6 | 4 | 3 | 5 | 9 | 1 | 7 | 8 | 2 |
| 9 | 8 | 2 | 4 | 6 | 7 | 1 | 3 | 5 |
| 5 | 7 | 1 | 3 | 8 | 2 | 9 | 6 | 4 |

## #87

| 7 | 1 | 9 | 8 | 6 | 5 | 4 | 2 | 3 |
| 4 | 8 | 6 | 3 | 9 | 2 | 5 | 1 | 7 |
| 3 | 2 | 5 | 7 | 4 | 1 | 8 | 9 | 6 |
| 1 | 6 | 4 | 2 | 8 | 9 | 3 | 7 | 5 |
| 9 | 7 | 8 | 6 | 5 | 3 | 2 | 4 | 1 |
| 5 | 3 | 2 | 4 | 1 | 7 | 6 | 8 | 9 |
| 6 | 4 | 3 | 9 | 7 | 8 | 1 | 5 | 2 |
| 2 | 5 | 7 | 1 | 3 | 4 | 9 | 6 | 8 |
| 8 | 9 | 1 | 5 | 2 | 6 | 7 | 3 | 4 |

## #90

| 7 | 6 | 8 | 5 | 9 | 1 | 4 | 3 | 2 |
| 9 | 3 | 1 | 4 | 7 | 2 | 6 | 8 | 5 |
| 4 | 5 | 2 | 6 | 8 | 3 | 1 | 7 | 9 |
| 3 | 7 | 5 | 9 | 6 | 4 | 2 | 1 | 8 |
| 6 | 2 | 4 | 8 | 1 | 7 | 9 | 5 | 3 |
| 8 | 1 | 9 | 3 | 2 | 5 | 7 | 4 | 6 |
| 2 | 9 | 7 | 1 | 5 | 8 | 3 | 6 | 4 |
| 5 | 4 | 6 | 7 | 3 | 9 | 8 | 2 | 1 |
| 1 | 8 | 3 | 2 | 4 | 6 | 5 | 9 | 7 |

## #91

| 5 | 6 | 4 | 1 | 7 | 3 | 8 | 9 | 2 |
| 9 | 7 | 2 | 4 | 8 | 5 | 1 | 6 | 3 |
| 3 | 8 | 1 | 2 | 6 | 9 | 5 | 4 | 7 |
| 1 | 4 | 9 | 8 | 3 | 2 | 6 | 7 | 5 |
| 6 | 3 | 8 | 7 | 5 | 4 | 9 | 2 | 1 |
| 7 | 2 | 5 | 9 | 1 | 6 | 4 | 3 | 8 |
| 2 | 5 | 7 | 6 | 9 | 1 | 3 | 8 | 4 |
| 4 | 1 | 6 | 3 | 2 | 8 | 7 | 5 | 9 |
| 8 | 9 | 3 | 5 | 4 | 7 | 2 | 1 | 6 |

## #94

| 4 | 5 | 9 | 2 | 3 | 7 | 6 | 8 | 1 |
| 2 | 6 | 7 | 5 | 1 | 8 | 9 | 3 | 4 |
| 1 | 8 | 3 | 4 | 9 | 6 | 5 | 2 | 7 |
| 8 | 7 | 4 | 1 | 6 | 9 | 3 | 5 | 2 |
| 6 | 2 | 5 | 8 | 4 | 3 | 1 | 7 | 9 |
| 3 | 9 | 1 | 7 | 5 | 2 | 8 | 4 | 6 |
| 7 | 4 | 6 | 3 | 8 | 1 | 2 | 9 | 5 |
| 5 | 1 | 8 | 9 | 2 | 4 | 7 | 6 | 3 |
| 9 | 3 | 2 | 6 | 7 | 5 | 4 | 1 | 8 |

## #92

| 9 | 7 | 2 | 6 | 4 | 8 | 1 | 3 | 5 |
| 3 | 5 | 1 | 7 | 2 | 9 | 6 | 4 | 8 |
| 6 | 4 | 8 | 5 | 3 | 1 | 9 | 7 | 2 |
| 4 | 6 | 9 | 2 | 5 | 3 | 8 | 1 | 7 |
| 1 | 2 | 5 | 9 | 8 | 7 | 4 | 6 | 3 |
| 7 | 8 | 3 | 4 | 1 | 6 | 5 | 2 | 9 |
| 2 | 1 | 4 | 3 | 9 | 5 | 7 | 8 | 6 |
| 5 | 3 | 7 | 8 | 6 | 4 | 2 | 9 | 1 |
| 8 | 9 | 6 | 1 | 7 | 2 | 3 | 5 | 4 |

## #95

| 7 | 4 | 6 | 2 | 3 | 1 | 8 | 5 | 9 |
| 1 | 5 | 9 | 8 | 7 | 6 | 3 | 4 | 2 |
| 8 | 2 | 3 | 5 | 9 | 4 | 6 | 1 | 7 |
| 5 | 7 | 1 | 3 | 8 | 2 | 9 | 6 | 4 |
| 2 | 6 | 8 | 4 | 1 | 9 | 5 | 7 | 3 |
| 9 | 3 | 4 | 6 | 5 | 7 | 1 | 2 | 8 |
| 3 | 9 | 7 | 1 | 4 | 5 | 2 | 8 | 6 |
| 6 | 8 | 5 | 7 | 2 | 3 | 4 | 9 | 1 |
| 4 | 1 | 2 | 9 | 6 | 8 | 7 | 3 | 5 |

## #93

| 6 | 5 | 3 | 2 | 4 | 9 | 1 | 8 | 7 |
| 9 | 7 | 2 | 8 | 5 | 1 | 3 | 6 | 4 |
| 8 | 4 | 1 | 7 | 6 | 3 | 2 | 9 | 5 |
| 1 | 8 | 5 | 6 | 7 | 4 | 9 | 2 | 3 |
| 2 | 3 | 9 | 5 | 1 | 8 | 7 | 4 | 6 |
| 4 | 6 | 7 | 3 | 9 | 2 | 5 | 1 | 8 |
| 7 | 2 | 4 | 9 | 3 | 6 | 8 | 5 | 1 |
| 3 | 1 | 8 | 4 | 2 | 5 | 6 | 7 | 9 |
| 5 | 9 | 6 | 1 | 8 | 7 | 4 | 3 | 2 |

## #96

| 3 | 2 | 7 | 8 | 9 | 5 | 1 | 6 | 4 |
| 6 | 8 | 1 | 3 | 4 | 7 | 5 | 9 | 2 |
| 9 | 4 | 5 | 1 | 6 | 2 | 8 | 7 | 3 |
| 7 | 5 | 2 | 4 | 8 | 3 | 6 | 1 | 9 |
| 8 | 1 | 6 | 7 | 2 | 9 | 3 | 4 | 5 |
| 4 | 9 | 3 | 6 | 5 | 1 | 2 | 8 | 7 |
| 1 | 6 | 9 | 2 | 3 | 4 | 7 | 5 | 8 |
| 5 | 3 | 8 | 9 | 7 | 6 | 4 | 2 | 1 |
| 2 | 7 | 4 | 5 | 1 | 8 | 9 | 3 | 6 |

## #97

| 1 | 5 | 7 | 6 | 4 | 2 | 9 | 3 | 8 |
| 3 | 2 | 6 | 8 | 1 | 9 | 5 | 4 | 7 |
| 9 | 8 | 4 | 3 | 5 | 7 | 6 | 1 | 2 |
| 8 | 6 | 3 | 7 | 2 | 5 | 1 | 9 | 4 |
| 4 | 1 | 5 | 9 | 8 | 6 | 7 | 2 | 3 |
| 7 | 9 | 2 | 4 | 3 | 1 | 8 | 5 | 6 |
| 6 | 7 | 1 | 2 | 9 | 4 | 3 | 8 | 5 |
| 5 | 4 | 8 | 1 | 6 | 3 | 2 | 7 | 9 |
| 2 | 3 | 9 | 5 | 7 | 8 | 4 | 6 | 1 |

## #100

| 6 | 2 | 3 | 8 | 1 | 7 | 9 | 4 | 5 |
| 1 | 4 | 8 | 2 | 5 | 9 | 6 | 7 | 3 |
| 5 | 7 | 9 | 6 | 4 | 3 | 8 | 2 | 1 |
| 3 | 6 | 4 | 7 | 9 | 1 | 2 | 5 | 8 |
| 8 | 1 | 7 | 3 | 2 | 5 | 4 | 6 | 9 |
| 9 | 5 | 2 | 4 | 6 | 8 | 3 | 1 | 7 |
| 2 | 9 | 1 | 5 | 3 | 4 | 7 | 8 | 6 |
| 4 | 8 | 5 | 9 | 7 | 6 | 1 | 3 | 2 |
| 7 | 3 | 6 | 1 | 8 | 2 | 5 | 9 | 4 |

## #98

| 2 | 1 | 7 | 4 | 6 | 3 | 5 | 8 | 9 |
| 8 | 3 | 9 | 2 | 1 | 5 | 7 | 6 | 4 |
| 6 | 4 | 5 | 9 | 7 | 8 | 2 | 1 | 3 |
| 9 | 6 | 4 | 7 | 5 | 2 | 8 | 3 | 1 |
| 5 | 8 | 3 | 1 | 9 | 4 | 6 | 2 | 7 |
| 1 | 7 | 2 | 3 | 8 | 6 | 9 | 4 | 5 |
| 3 | 2 | 8 | 5 | 4 | 9 | 1 | 7 | 6 |
| 7 | 9 | 6 | 8 | 3 | 1 | 4 | 5 | 2 |
| 4 | 5 | 1 | 6 | 2 | 7 | 3 | 9 | 8 |

## #101

| 9 | 4 | 5 | 3 | 2 | 6 | 8 | 1 | 7 |
| 3 | 1 | 7 | 4 | 8 | 5 | 9 | 6 | 2 |
| 2 | 6 | 8 | 9 | 7 | 1 | 3 | 5 | 4 |
| 1 | 2 | 6 | 8 | 4 | 3 | 5 | 7 | 9 |
| 8 | 5 | 9 | 1 | 6 | 7 | 2 | 4 | 3 |
| 7 | 3 | 4 | 2 | 5 | 9 | 6 | 8 | 1 |
| 4 | 9 | 2 | 5 | 1 | 8 | 7 | 3 | 6 |
| 6 | 8 | 3 | 7 | 9 | 4 | 1 | 2 | 5 |
| 5 | 7 | 1 | 6 | 3 | 2 | 4 | 9 | 8 |

## #99

| 7 | 5 | 1 | 6 | 4 | 3 | 8 | 9 | 2 |
| 3 | 9 | 2 | 7 | 1 | 8 | 5 | 4 | 6 |
| 4 | 6 | 8 | 9 | 2 | 5 | 3 | 1 | 7 |
| 1 | 2 | 6 | 8 | 3 | 4 | 9 | 7 | 5 |
| 8 | 4 | 7 | 1 | 5 | 9 | 2 | 6 | 3 |
| 5 | 3 | 9 | 2 | 7 | 6 | 4 | 8 | 1 |
| 2 | 7 | 4 | 5 | 9 | 1 | 6 | 3 | 8 |
| 9 | 8 | 5 | 3 | 6 | 7 | 1 | 2 | 4 |
| 6 | 1 | 3 | 4 | 8 | 2 | 7 | 5 | 9 |

## #102

| 7 | 6 | 3 | 9 | 2 | 5 | 1 | 4 | 8 |
| 2 | 9 | 5 | 4 | 1 | 8 | 6 | 3 | 7 |
| 4 | 1 | 8 | 7 | 6 | 3 | 2 | 9 | 5 |
| 3 | 2 | 7 | 6 | 8 | 1 | 9 | 5 | 4 |
| 9 | 5 | 6 | 3 | 4 | 7 | 8 | 1 | 2 |
| 8 | 4 | 1 | 5 | 9 | 2 | 3 | 7 | 6 |
| 6 | 3 | 4 | 2 | 7 | 9 | 5 | 8 | 1 |
| 1 | 7 | 9 | 8 | 5 | 6 | 4 | 2 | 3 |
| 5 | 8 | 2 | 1 | 3 | 4 | 7 | 6 | 9 |

## #103

| 6 | 5 | 9 | 3 | 7 | 2 | 4 | 8 | 1 |
|---|---|---|---|---|---|---|---|---|
| 2 | 8 | 7 | 5 | 4 | 1 | 6 | 9 | 3 |
| 1 | 4 | 3 | 6 | 8 | 9 | 2 | 5 | 7 |
| 8 | 6 | 1 | 9 | 3 | 7 | 5 | 4 | 2 |
| 4 | 7 | 5 | 8 | 2 | 6 | 1 | 3 | 9 |
| 3 | 9 | 2 | 4 | 1 | 5 | 8 | 7 | 6 |
| 7 | 2 | 8 | 1 | 9 | 4 | 3 | 6 | 5 |
| 9 | 3 | 6 | 2 | 5 | 8 | 7 | 1 | 4 |
| 5 | 1 | 4 | 7 | 6 | 3 | 9 | 2 | 8 |

## #106

| 1 | 6 | 5 | 9 | 2 | 3 | 4 | 8 | 7 |
|---|---|---|---|---|---|---|---|---|
| 9 | 4 | 2 | 7 | 5 | 8 | 1 | 6 | 3 |
| 7 | 3 | 8 | 1 | 6 | 4 | 5 | 2 | 9 |
| 6 | 8 | 7 | 2 | 4 | 5 | 9 | 3 | 1 |
| 2 | 5 | 3 | 6 | 9 | 1 | 8 | 7 | 4 |
| 4 | 1 | 9 | 3 | 8 | 7 | 2 | 5 | 6 |
| 8 | 9 | 1 | 5 | 7 | 6 | 3 | 4 | 2 |
| 5 | 2 | 6 | 4 | 3 | 9 | 7 | 1 | 8 |
| 3 | 7 | 4 | 8 | 1 | 2 | 6 | 9 | 5 |

## #104

| 1 | 9 | 8 | 6 | 4 | 7 | 2 | 3 | 5 |
|---|---|---|---|---|---|---|---|---|
| 7 | 3 | 6 | 2 | 1 | 5 | 8 | 9 | 4 |
| 5 | 2 | 4 | 8 | 3 | 9 | 7 | 6 | 1 |
| 3 | 7 | 1 | 4 | 8 | 2 | 9 | 5 | 6 |
| 8 | 6 | 5 | 7 | 9 | 3 | 4 | 1 | 2 |
| 2 | 4 | 9 | 5 | 6 | 1 | 3 | 7 | 8 |
| 6 | 1 | 3 | 9 | 2 | 4 | 5 | 8 | 7 |
| 9 | 5 | 2 | 1 | 7 | 8 | 6 | 4 | 3 |
| 4 | 8 | 7 | 3 | 5 | 6 | 1 | 2 | 9 |

## #107

| 5 | 2 | 8 | 1 | 9 | 3 | 6 | 4 | 7 |
|---|---|---|---|---|---|---|---|---|
| 3 | 4 | 7 | 2 | 8 | 6 | 9 | 5 | 1 |
| 6 | 1 | 9 | 5 | 7 | 4 | 3 | 2 | 8 |
| 4 | 9 | 1 | 7 | 3 | 2 | 5 | 8 | 6 |
| 7 | 8 | 3 | 6 | 1 | 5 | 4 | 9 | 2 |
| 2 | 6 | 5 | 8 | 4 | 9 | 1 | 7 | 3 |
| 8 | 5 | 2 | 9 | 6 | 1 | 7 | 3 | 4 |
| 9 | 3 | 6 | 4 | 2 | 7 | 8 | 1 | 5 |
| 1 | 7 | 4 | 3 | 5 | 8 | 2 | 6 | 9 |

## #105

| 3 | 1 | 2 | 5 | 7 | 6 | 8 | 4 | 9 |
|---|---|---|---|---|---|---|---|---|
| 5 | 8 | 9 | 3 | 1 | 4 | 7 | 2 | 6 |
| 6 | 4 | 7 | 2 | 8 | 9 | 3 | 1 | 5 |
| 8 | 5 | 3 | 1 | 6 | 2 | 9 | 7 | 4 |
| 2 | 9 | 4 | 7 | 3 | 8 | 5 | 6 | 1 |
| 1 | 7 | 6 | 9 | 4 | 5 | 2 | 3 | 8 |
| 7 | 3 | 8 | 4 | 5 | 1 | 6 | 9 | 2 |
| 9 | 6 | 1 | 8 | 2 | 3 | 4 | 5 | 7 |
| 4 | 2 | 5 | 6 | 9 | 7 | 1 | 8 | 3 |

## #108

| 8 | 1 | 4 | 2 | 9 | 5 | 6 | 7 | 3 |
|---|---|---|---|---|---|---|---|---|
| 7 | 5 | 9 | 3 | 8 | 6 | 2 | 1 | 4 |
| 3 | 6 | 2 | 4 | 7 | 1 | 8 | 5 | 9 |
| 6 | 9 | 7 | 5 | 4 | 2 | 3 | 8 | 1 |
| 2 | 4 | 3 | 1 | 6 | 8 | 5 | 9 | 7 |
| 5 | 8 | 1 | 9 | 3 | 7 | 4 | 2 | 6 |
| 4 | 2 | 8 | 7 | 1 | 3 | 9 | 6 | 5 |
| 9 | 7 | 5 | 6 | 2 | 4 | 1 | 3 | 8 |
| 1 | 3 | 6 | 8 | 5 | 9 | 7 | 4 | 2 |

## #109

| 3 | 5 | 9 | 8 | 2 | 4 | 7 | 6 | 1 |
|---|---|---|---|---|---|---|---|---|
| 8 | 1 | 7 | 9 | 5 | 6 | 2 | 3 | 4 |
| 2 | 6 | 4 | 3 | 1 | 7 | 5 | 9 | 8 |
| 6 | 4 | 1 | 7 | 3 | 8 | 9 | 2 | 5 |
| 5 | 7 | 3 | 1 | 9 | 2 | 4 | 8 | 6 |
| 9 | 8 | 2 | 4 | 6 | 5 | 3 | 1 | 7 |
| 7 | 9 | 5 | 2 | 8 | 1 | 6 | 4 | 3 |
| 1 | 3 | 6 | 5 | 4 | 9 | 8 | 7 | 2 |
| 4 | 2 | 8 | 6 | 7 | 3 | 1 | 5 | 9 |

## #112

| 8 | 3 | 2 | 7 | 5 | 1 | 6 | 9 | 4 |
|---|---|---|---|---|---|---|---|---|
| 4 | 1 | 9 | 8 | 6 | 2 | 5 | 3 | 7 |
| 5 | 7 | 6 | 3 | 4 | 9 | 1 | 8 | 2 |
| 7 | 2 | 4 | 5 | 9 | 6 | 3 | 1 | 8 |
| 6 | 5 | 8 | 2 | 1 | 3 | 7 | 4 | 9 |
| 1 | 9 | 3 | 4 | 7 | 8 | 2 | 6 | 5 |
| 2 | 6 | 7 | 1 | 8 | 4 | 9 | 5 | 3 |
| 3 | 4 | 1 | 9 | 2 | 5 | 8 | 7 | 6 |
| 9 | 8 | 5 | 6 | 3 | 7 | 4 | 2 | 1 |

## #110

| 1 | 8 | 2 | 5 | 6 | 3 | 7 | 9 | 4 |
|---|---|---|---|---|---|---|---|---|
| 9 | 3 | 7 | 2 | 8 | 4 | 1 | 5 | 6 |
| 5 | 6 | 4 | 7 | 9 | 1 | 3 | 8 | 2 |
| 8 | 5 | 9 | 6 | 1 | 7 | 4 | 2 | 3 |
| 3 | 2 | 1 | 4 | 5 | 9 | 6 | 7 | 8 |
| 4 | 7 | 6 | 8 | 3 | 2 | 5 | 1 | 9 |
| 6 | 9 | 8 | 3 | 7 | 5 | 2 | 4 | 1 |
| 7 | 4 | 3 | 1 | 2 | 8 | 9 | 6 | 5 |
| 2 | 1 | 5 | 9 | 4 | 6 | 8 | 3 | 7 |

## #113

| 9 | 8 | 6 | 4 | 3 | 1 | 5 | 2 | 7 |
|---|---|---|---|---|---|---|---|---|
| 7 | 3 | 1 | 2 | 5 | 9 | 4 | 6 | 8 |
| 2 | 5 | 4 | 7 | 8 | 6 | 1 | 3 | 9 |
| 8 | 1 | 3 | 9 | 4 | 7 | 6 | 5 | 2 |
| 5 | 2 | 9 | 1 | 6 | 8 | 3 | 7 | 4 |
| 4 | 6 | 7 | 5 | 2 | 3 | 9 | 8 | 1 |
| 3 | 4 | 5 | 8 | 9 | 2 | 7 | 1 | 6 |
| 1 | 9 | 8 | 6 | 7 | 5 | 2 | 4 | 3 |
| 6 | 7 | 2 | 3 | 1 | 4 | 8 | 9 | 5 |

## #111

| 2 | 5 | 7 | 1 | 8 | 6 | 9 | 3 | 4 |
|---|---|---|---|---|---|---|---|---|
| 1 | 4 | 8 | 9 | 2 | 3 | 6 | 7 | 5 |
| 3 | 6 | 9 | 7 | 5 | 4 | 8 | 2 | 1 |
| 8 | 2 | 1 | 3 | 7 | 5 | 4 | 6 | 9 |
| 9 | 7 | 4 | 6 | 1 | 2 | 5 | 8 | 3 |
| 5 | 3 | 6 | 8 | 4 | 9 | 7 | 1 | 2 |
| 6 | 8 | 2 | 4 | 9 | 1 | 3 | 5 | 7 |
| 4 | 1 | 3 | 5 | 6 | 7 | 2 | 9 | 8 |
| 7 | 9 | 5 | 2 | 3 | 8 | 1 | 4 | 6 |

## #114

| 4 | 7 | 9 | 1 | 5 | 8 | 3 | 6 | 2 |
|---|---|---|---|---|---|---|---|---|
| 2 | 6 | 5 | 7 | 9 | 3 | 1 | 8 | 4 |
| 8 | 3 | 1 | 4 | 2 | 6 | 9 | 7 | 5 |
| 6 | 8 | 3 | 2 | 4 | 9 | 7 | 5 | 1 |
| 9 | 1 | 2 | 3 | 7 | 5 | 6 | 4 | 8 |
| 5 | 4 | 7 | 8 | 6 | 1 | 2 | 3 | 9 |
| 3 | 5 | 4 | 6 | 1 | 2 | 8 | 9 | 7 |
| 7 | 2 | 6 | 9 | 8 | 4 | 5 | 1 | 3 |
| 1 | 9 | 8 | 5 | 3 | 7 | 4 | 2 | 6 |

## #115

| 8 | 5 | 6 | 4 | 1 | 3 | 9 | 7 | 2 |
|---|---|---|---|---|---|---|---|---|
| 3 | 4 | 9 | 2 | 6 | 7 | 5 | 1 | 8 |
| 7 | 2 | 1 | 9 | 5 | 8 | 4 | 3 | 6 |
| 1 | 8 | 4 | 3 | 9 | 6 | 2 | 5 | 7 |
| 5 | 3 | 2 | 8 | 7 | 4 | 1 | 6 | 9 |
| 6 | 9 | 7 | 5 | 2 | 1 | 3 | 8 | 4 |
| 4 | 6 | 5 | 1 | 8 | 9 | 7 | 2 | 3 |
| 2 | 7 | 3 | 6 | 4 | 5 | 8 | 9 | 1 |
| 9 | 1 | 8 | 7 | 3 | 2 | 6 | 4 | 5 |

## #118

| 4 | 2 | 8 | 6 | 7 | 9 | 3 | 1 | 5 |
|---|---|---|---|---|---|---|---|---|
| 5 | 6 | 7 | 3 | 8 | 1 | 9 | 2 | 4 |
| 1 | 9 | 3 | 4 | 2 | 5 | 6 | 8 | 7 |
| 3 | 4 | 9 | 1 | 6 | 2 | 5 | 7 | 8 |
| 7 | 5 | 1 | 8 | 4 | 3 | 2 | 6 | 9 |
| 2 | 8 | 6 | 9 | 5 | 7 | 1 | 4 | 3 |
| 9 | 1 | 4 | 7 | 3 | 6 | 8 | 5 | 2 |
| 6 | 7 | 5 | 2 | 9 | 8 | 4 | 3 | 1 |
| 8 | 3 | 2 | 5 | 1 | 4 | 7 | 9 | 6 |

## #116

| 4 | 7 | 5 | 2 | 6 | 8 | 9 | 3 | 1 |
|---|---|---|---|---|---|---|---|---|
| 6 | 8 | 3 | 1 | 5 | 9 | 2 | 7 | 4 |
| 1 | 9 | 2 | 7 | 3 | 4 | 8 | 5 | 6 |
| 7 | 1 | 9 | 8 | 2 | 3 | 4 | 6 | 5 |
| 8 | 3 | 4 | 6 | 1 | 5 | 7 | 9 | 2 |
| 2 | 5 | 6 | 9 | 4 | 7 | 1 | 8 | 3 |
| 5 | 6 | 7 | 4 | 9 | 1 | 3 | 2 | 8 |
| 3 | 4 | 8 | 5 | 7 | 2 | 6 | 1 | 9 |
| 9 | 2 | 1 | 3 | 8 | 6 | 5 | 4 | 7 |

## #119

| 1 | 8 | 6 | 9 | 7 | 5 | 2 | 3 | 4 |
|---|---|---|---|---|---|---|---|---|
| 2 | 4 | 9 | 3 | 6 | 1 | 7 | 5 | 8 |
| 5 | 3 | 7 | 8 | 4 | 2 | 6 | 9 | 1 |
| 7 | 6 | 8 | 4 | 9 | 3 | 5 | 1 | 2 |
| 4 | 5 | 2 | 1 | 8 | 6 | 3 | 7 | 9 |
| 3 | 9 | 1 | 5 | 2 | 7 | 8 | 4 | 6 |
| 8 | 7 | 3 | 2 | 1 | 9 | 4 | 6 | 5 |
| 9 | 2 | 5 | 6 | 3 | 4 | 1 | 8 | 7 |
| 6 | 1 | 4 | 7 | 5 | 8 | 9 | 2 | 3 |

## #117

| 2 | 1 | 8 | 7 | 4 | 6 | 5 | 3 | 9 |
|---|---|---|---|---|---|---|---|---|
| 9 | 7 | 5 | 2 | 3 | 8 | 6 | 4 | 1 |
| 6 | 4 | 3 | 9 | 5 | 1 | 2 | 8 | 7 |
| 1 | 2 | 6 | 8 | 7 | 5 | 3 | 9 | 4 |
| 4 | 5 | 7 | 6 | 9 | 3 | 8 | 1 | 2 |
| 3 | 8 | 9 | 1 | 2 | 4 | 7 | 6 | 5 |
| 8 | 9 | 4 | 5 | 6 | 2 | 1 | 7 | 3 |
| 5 | 3 | 1 | 4 | 8 | 7 | 9 | 2 | 6 |
| 7 | 6 | 2 | 3 | 1 | 9 | 4 | 5 | 8 |

## #120

| 2 | 5 | 1 | 7 | 3 | 6 | 8 | 4 | 9 |
|---|---|---|---|---|---|---|---|---|
| 4 | 3 | 9 | 2 | 5 | 8 | 1 | 6 | 7 |
| 6 | 7 | 8 | 9 | 4 | 1 | 5 | 3 | 2 |
| 8 | 6 | 2 | 4 | 9 | 3 | 7 | 5 | 1 |
| 9 | 4 | 7 | 5 | 1 | 2 | 6 | 8 | 3 |
| 3 | 1 | 5 | 8 | 6 | 7 | 9 | 2 | 4 |
| 5 | 9 | 3 | 6 | 7 | 4 | 2 | 1 | 8 |
| 7 | 8 | 4 | 1 | 2 | 5 | 3 | 9 | 6 |
| 1 | 2 | 6 | 3 | 8 | 9 | 4 | 7 | 5 |

## #121

| 3 | 6 | 4 | 2 | 5 | 9 | 7 | 1 | 8 |
|---|---|---|---|---|---|---|---|---|
| 2 | 7 | 5 | 8 | 4 | 1 | 6 | 3 | 9 |
| 9 | 8 | 1 | 7 | 3 | 6 | 4 | 5 | 2 |
| 7 | 9 | 8 | 1 | 6 | 3 | 5 | 2 | 4 |
| 4 | 1 | 6 | 9 | 2 | 5 | 8 | 7 | 3 |
| 5 | 3 | 2 | 4 | 7 | 8 | 1 | 9 | 6 |
| 6 | 2 | 9 | 5 | 1 | 4 | 3 | 8 | 7 |
| 1 | 4 | 7 | 3 | 8 | 2 | 9 | 6 | 5 |
| 8 | 5 | 3 | 6 | 9 | 7 | 2 | 4 | 1 |

## #124

| 2 | 8 | 1 | 4 | 6 | 9 | 3 | 5 | 7 |
|---|---|---|---|---|---|---|---|---|
| 3 | 9 | 5 | 2 | 7 | 8 | 4 | 6 | 1 |
| 7 | 4 | 6 | 3 | 5 | 1 | 9 | 8 | 2 |
| 9 | 2 | 4 | 1 | 3 | 6 | 5 | 7 | 8 |
| 5 | 6 | 3 | 7 | 8 | 4 | 2 | 1 | 9 |
| 8 | 1 | 7 | 9 | 2 | 5 | 6 | 4 | 3 |
| 4 | 5 | 9 | 8 | 1 | 2 | 7 | 3 | 6 |
| 6 | 3 | 8 | 5 | 9 | 7 | 1 | 2 | 4 |
| 1 | 7 | 2 | 6 | 4 | 3 | 8 | 9 | 5 |

## #122

| 8 | 4 | 5 | 6 | 1 | 9 | 3 | 7 | 2 |
|---|---|---|---|---|---|---|---|---|
| 2 | 7 | 1 | 3 | 8 | 5 | 6 | 4 | 9 |
| 9 | 6 | 3 | 7 | 2 | 4 | 8 | 1 | 5 |
| 3 | 1 | 6 | 5 | 7 | 8 | 9 | 2 | 4 |
| 7 | 9 | 4 | 1 | 6 | 2 | 5 | 3 | 8 |
| 5 | 8 | 2 | 9 | 4 | 3 | 1 | 6 | 7 |
| 6 | 2 | 7 | 8 | 5 | 1 | 4 | 9 | 3 |
| 4 | 3 | 8 | 2 | 9 | 6 | 7 | 5 | 1 |
| 1 | 5 | 9 | 4 | 3 | 7 | 2 | 8 | 6 |

## #125

| 3 | 9 | 7 | 1 | 8 | 6 | 4 | 5 | 2 |
|---|---|---|---|---|---|---|---|---|
| 4 | 1 | 6 | 5 | 9 | 2 | 7 | 3 | 8 |
| 2 | 8 | 5 | 3 | 4 | 7 | 6 | 1 | 9 |
| 7 | 3 | 4 | 6 | 1 | 9 | 2 | 8 | 5 |
| 5 | 6 | 8 | 7 | 2 | 3 | 9 | 4 | 1 |
| 9 | 2 | 1 | 4 | 5 | 8 | 3 | 7 | 6 |
| 8 | 4 | 2 | 9 | 7 | 1 | 5 | 6 | 3 |
| 6 | 7 | 9 | 8 | 3 | 5 | 1 | 2 | 4 |
| 1 | 5 | 3 | 2 | 6 | 4 | 8 | 9 | 7 |

## #123

| 8 | 1 | 7 | 4 | 6 | 9 | 3 | 2 | 5 |
|---|---|---|---|---|---|---|---|---|
| 5 | 4 | 3 | 7 | 1 | 2 | 6 | 9 | 8 |
| 2 | 9 | 6 | 3 | 5 | 8 | 7 | 4 | 1 |
| 1 | 7 | 9 | 8 | 4 | 5 | 2 | 6 | 3 |
| 6 | 8 | 4 | 9 | 2 | 3 | 5 | 1 | 7 |
| 3 | 5 | 2 | 1 | 7 | 6 | 9 | 8 | 4 |
| 4 | 6 | 5 | 2 | 3 | 1 | 8 | 7 | 9 |
| 9 | 2 | 1 | 5 | 8 | 7 | 4 | 3 | 6 |
| 7 | 3 | 8 | 6 | 9 | 4 | 1 | 5 | 2 |

## #126

| 9 | 6 | 7 | 3 | 8 | 2 | 5 | 4 | 1 |
|---|---|---|---|---|---|---|---|---|
| 1 | 2 | 3 | 6 | 4 | 5 | 9 | 8 | 7 |
| 8 | 5 | 4 | 9 | 7 | 1 | 2 | 3 | 6 |
| 3 | 4 | 5 | 7 | 6 | 9 | 1 | 2 | 8 |
| 6 | 8 | 9 | 1 | 2 | 4 | 3 | 7 | 5 |
| 7 | 1 | 2 | 8 | 5 | 3 | 4 | 6 | 9 |
| 2 | 7 | 1 | 5 | 3 | 8 | 6 | 9 | 4 |
| 4 | 9 | 6 | 2 | 1 | 7 | 8 | 5 | 3 |
| 5 | 3 | 8 | 4 | 9 | 6 | 7 | 1 | 2 |

## #127

| 1 | 3 | 7 | 6 | 2 | 4 | 9 | 5 | 8 |
|---|---|---|---|---|---|---|---|---|
| 6 | 5 | 9 | 7 | 3 | 8 | 1 | 2 | 4 |
| 4 | 8 | 2 | 5 | 9 | 1 | 7 | 6 | 3 |
| 2 | 4 | 5 | 8 | 7 | 9 | 3 | 1 | 6 |
| 9 | 7 | 6 | 4 | 1 | 3 | 2 | 8 | 5 |
| 3 | 1 | 8 | 2 | 6 | 5 | 4 | 7 | 9 |
| 5 | 6 | 1 | 3 | 4 | 2 | 8 | 9 | 7 |
| 8 | 9 | 4 | 1 | 5 | 7 | 6 | 3 | 2 |
| 7 | 2 | 3 | 9 | 8 | 6 | 5 | 4 | 1 |

## #130

| 9 | 3 | 6 | 1 | 7 | 5 | 8 | 2 | 4 |
|---|---|---|---|---|---|---|---|---|
| 8 | 1 | 5 | 3 | 2 | 4 | 7 | 9 | 6 |
| 2 | 4 | 7 | 6 | 9 | 8 | 1 | 5 | 3 |
| 7 | 8 | 3 | 9 | 6 | 2 | 4 | 1 | 5 |
| 5 | 6 | 4 | 7 | 8 | 1 | 2 | 3 | 9 |
| 1 | 9 | 2 | 5 | 4 | 3 | 6 | 7 | 8 |
| 3 | 7 | 1 | 8 | 5 | 6 | 9 | 4 | 2 |
| 6 | 2 | 9 | 4 | 3 | 7 | 5 | 8 | 1 |
| 4 | 5 | 8 | 2 | 1 | 9 | 3 | 6 | 7 |

## #128

| 8 | 6 | 4 | 3 | 9 | 2 | 7 | 5 | 1 |
|---|---|---|---|---|---|---|---|---|
| 9 | 1 | 3 | 7 | 4 | 5 | 8 | 6 | 2 |
| 2 | 5 | 7 | 1 | 6 | 8 | 3 | 4 | 9 |
| 1 | 3 | 2 | 4 | 5 | 9 | 6 | 7 | 8 |
| 4 | 9 | 5 | 6 | 8 | 7 | 2 | 1 | 3 |
| 6 | 7 | 8 | 2 | 1 | 3 | 4 | 9 | 5 |
| 7 | 4 | 9 | 8 | 3 | 1 | 5 | 2 | 6 |
| 5 | 8 | 6 | 9 | 2 | 4 | 1 | 3 | 7 |
| 3 | 2 | 1 | 5 | 7 | 6 | 9 | 8 | 4 |

## #131

| 3 | 4 | 7 | 9 | 2 | 1 | 8 | 6 | 5 |
|---|---|---|---|---|---|---|---|---|
| 5 | 1 | 9 | 6 | 4 | 8 | 7 | 3 | 2 |
| 2 | 6 | 8 | 7 | 5 | 3 | 1 | 9 | 4 |
| 7 | 5 | 3 | 4 | 8 | 2 | 6 | 1 | 9 |
| 9 | 8 | 4 | 1 | 7 | 6 | 5 | 2 | 3 |
| 1 | 2 | 6 | 3 | 9 | 5 | 4 | 8 | 7 |
| 8 | 9 | 5 | 2 | 1 | 4 | 3 | 7 | 6 |
| 6 | 7 | 1 | 5 | 3 | 9 | 2 | 4 | 8 |
| 4 | 3 | 2 | 8 | 6 | 7 | 9 | 5 | 1 |

## #129

| 6 | 1 | 4 | 8 | 9 | 5 | 2 | 3 | 7 |
|---|---|---|---|---|---|---|---|---|
| 7 | 8 | 9 | 6 | 3 | 2 | 1 | 4 | 5 |
| 3 | 2 | 5 | 4 | 1 | 7 | 8 | 6 | 9 |
| 9 | 4 | 2 | 7 | 6 | 8 | 3 | 5 | 1 |
| 8 | 7 | 3 | 5 | 2 | 1 | 6 | 9 | 4 |
| 1 | 5 | 6 | 9 | 4 | 3 | 7 | 2 | 8 |
| 2 | 3 | 8 | 1 | 5 | 4 | 9 | 7 | 6 |
| 5 | 9 | 1 | 3 | 7 | 6 | 4 | 8 | 2 |
| 4 | 6 | 7 | 2 | 8 | 9 | 5 | 1 | 3 |

## #132

| 2 | 8 | 4 | 3 | 9 | 5 | 6 | 7 | 1 |
|---|---|---|---|---|---|---|---|---|
| 5 | 6 | 3 | 4 | 7 | 1 | 2 | 8 | 9 |
| 1 | 9 | 7 | 8 | 6 | 2 | 4 | 5 | 3 |
| 6 | 7 | 5 | 9 | 4 | 3 | 8 | 1 | 2 |
| 4 | 1 | 9 | 6 | 2 | 8 | 7 | 3 | 5 |
| 3 | 2 | 8 | 5 | 1 | 7 | 9 | 6 | 4 |
| 8 | 5 | 6 | 2 | 3 | 4 | 1 | 9 | 7 |
| 7 | 3 | 2 | 1 | 8 | 9 | 5 | 4 | 6 |
| 9 | 4 | 1 | 7 | 5 | 6 | 3 | 2 | 8 |

## #133

| 3 | 7 | 2 | 6 | 1 | 9 | 5 | 4 | 8 |
|---|---|---|---|---|---|---|---|---|
| 5 | 4 | 1 | 2 | 3 | 8 | 7 | 6 | 9 |
| 6 | 8 | 9 | 7 | 4 | 5 | 1 | 2 | 3 |
| 2 | 5 | 7 | 8 | 9 | 4 | 6 | 3 | 1 |
| 4 | 6 | 3 | 5 | 2 | 1 | 9 | 8 | 7 |
| 1 | 9 | 8 | 3 | 7 | 6 | 2 | 5 | 4 |
| 8 | 1 | 4 | 9 | 5 | 2 | 3 | 7 | 6 |
| 9 | 3 | 5 | 4 | 6 | 7 | 8 | 1 | 2 |
| 7 | 2 | 6 | 1 | 8 | 3 | 4 | 9 | 5 |

## #136

| 8 | 6 | 3 | 7 | 1 | 4 | 5 | 2 | 9 |
|---|---|---|---|---|---|---|---|---|
| 5 | 9 | 1 | 2 | 6 | 3 | 7 | 8 | 4 |
| 4 | 2 | 7 | 9 | 5 | 8 | 6 | 3 | 1 |
| 6 | 7 | 8 | 5 | 9 | 2 | 1 | 4 | 3 |
| 3 | 1 | 4 | 6 | 8 | 7 | 2 | 9 | 5 |
| 2 | 5 | 9 | 4 | 3 | 1 | 8 | 6 | 7 |
| 7 | 4 | 5 | 3 | 2 | 6 | 9 | 1 | 8 |
| 9 | 8 | 2 | 1 | 4 | 5 | 3 | 7 | 6 |
| 1 | 3 | 6 | 8 | 7 | 9 | 4 | 5 | 2 |

## #134

| 6 | 3 | 1 | 5 | 9 | 4 | 7 | 8 | 2 |
|---|---|---|---|---|---|---|---|---|
| 9 | 7 | 4 | 2 | 3 | 8 | 5 | 6 | 1 |
| 5 | 2 | 8 | 1 | 7 | 6 | 3 | 9 | 4 |
| 2 | 5 | 7 | 3 | 4 | 9 | 8 | 1 | 6 |
| 8 | 6 | 9 | 7 | 2 | 1 | 4 | 3 | 5 |
| 1 | 4 | 3 | 6 | 8 | 5 | 2 | 7 | 9 |
| 7 | 8 | 6 | 4 | 1 | 2 | 9 | 5 | 3 |
| 4 | 9 | 5 | 8 | 6 | 3 | 1 | 2 | 7 |
| 3 | 1 | 2 | 9 | 5 | 7 | 6 | 4 | 8 |

## #137

| 9 | 7 | 6 | 4 | 5 | 8 | 2 | 1 | 3 |
|---|---|---|---|---|---|---|---|---|
| 1 | 4 | 3 | 6 | 9 | 2 | 5 | 8 | 7 |
| 2 | 8 | 5 | 3 | 7 | 1 | 6 | 9 | 4 |
| 8 | 5 | 4 | 9 | 3 | 7 | 1 | 6 | 2 |
| 6 | 1 | 2 | 5 | 8 | 4 | 3 | 7 | 9 |
| 7 | 3 | 9 | 1 | 2 | 6 | 8 | 4 | 5 |
| 3 | 2 | 8 | 7 | 6 | 9 | 4 | 5 | 1 |
| 4 | 6 | 7 | 2 | 1 | 5 | 9 | 3 | 8 |
| 5 | 9 | 1 | 8 | 4 | 3 | 7 | 2 | 6 |

## #135

| 4 | 3 | 8 | 9 | 7 | 1 | 6 | 5 | 2 |
|---|---|---|---|---|---|---|---|---|
| 1 | 2 | 9 | 8 | 5 | 6 | 7 | 4 | 3 |
| 6 | 5 | 7 | 3 | 2 | 4 | 8 | 1 | 9 |
| 2 | 7 | 1 | 4 | 9 | 3 | 5 | 8 | 6 |
| 8 | 6 | 3 | 7 | 1 | 5 | 9 | 2 | 4 |
| 5 | 9 | 4 | 2 | 6 | 8 | 1 | 3 | 7 |
| 9 | 4 | 6 | 1 | 8 | 2 | 3 | 7 | 5 |
| 3 | 1 | 5 | 6 | 4 | 7 | 2 | 9 | 8 |
| 7 | 8 | 2 | 5 | 3 | 9 | 4 | 6 | 1 |

## #138

| 7 | 4 | 2 | 6 | 5 | 8 | 9 | 3 | 1 |
|---|---|---|---|---|---|---|---|---|
| 9 | 6 | 3 | 1 | 4 | 7 | 8 | 2 | 5 |
| 1 | 8 | 5 | 3 | 2 | 9 | 6 | 7 | 4 |
| 6 | 9 | 1 | 4 | 8 | 3 | 7 | 5 | 2 |
| 5 | 7 | 4 | 9 | 1 | 2 | 3 | 6 | 8 |
| 3 | 2 | 8 | 5 | 7 | 6 | 4 | 1 | 9 |
| 4 | 5 | 7 | 8 | 6 | 1 | 2 | 9 | 3 |
| 2 | 1 | 9 | 7 | 3 | 4 | 5 | 8 | 6 |
| 8 | 3 | 6 | 2 | 9 | 5 | 1 | 4 | 7 |

## #139

| 7 | 6 | 8 | 5 | 9 | 2 | 4 | 1 | 3 |
|---|---|---|---|---|---|---|---|---|
| 4 | 2 | 1 | 3 | 8 | 6 | 9 | 5 | 7 |
| 5 | 9 | 3 | 1 | 7 | 4 | 2 | 6 | 8 |
| 2 | 3 | 7 | 9 | 5 | 8 | 1 | 4 | 6 |
| 8 | 1 | 4 | 2 | 6 | 7 | 3 | 9 | 5 |
| 9 | 5 | 6 | 4 | 3 | 1 | 7 | 8 | 2 |
| 3 | 8 | 9 | 7 | 1 | 5 | 6 | 2 | 4 |
| 1 | 4 | 5 | 6 | 2 | 3 | 8 | 7 | 9 |
| 6 | 7 | 2 | 8 | 4 | 9 | 5 | 3 | 1 |

## #142

| 4 | 1 | 9 | 3 | 8 | 5 | 6 | 2 | 7 |
|---|---|---|---|---|---|---|---|---|
| 7 | 2 | 8 | 4 | 9 | 6 | 3 | 1 | 5 |
| 3 | 6 | 5 | 7 | 2 | 1 | 9 | 8 | 4 |
| 8 | 3 | 4 | 1 | 7 | 9 | 5 | 6 | 2 |
| 2 | 5 | 1 | 6 | 3 | 8 | 4 | 7 | 9 |
| 9 | 7 | 6 | 2 | 5 | 4 | 8 | 3 | 1 |
| 5 | 4 | 3 | 8 | 1 | 2 | 7 | 9 | 6 |
| 6 | 8 | 2 | 9 | 4 | 7 | 1 | 5 | 3 |
| 1 | 9 | 7 | 5 | 6 | 3 | 2 | 4 | 8 |

## #140

| 8 | 3 | 2 | 7 | 4 | 9 | 6 | 5 | 1 |
|---|---|---|---|---|---|---|---|---|
| 5 | 7 | 1 | 8 | 3 | 6 | 9 | 2 | 4 |
| 4 | 6 | 9 | 1 | 2 | 5 | 3 | 8 | 7 |
| 7 | 2 | 3 | 4 | 9 | 1 | 8 | 6 | 5 |
| 9 | 8 | 4 | 5 | 6 | 7 | 1 | 3 | 2 |
| 6 | 1 | 5 | 2 | 8 | 3 | 4 | 7 | 9 |
| 2 | 9 | 8 | 6 | 5 | 4 | 7 | 1 | 3 |
| 3 | 5 | 7 | 9 | 1 | 8 | 2 | 4 | 6 |
| 1 | 4 | 6 | 3 | 7 | 2 | 5 | 9 | 8 |

## #143

| 7 | 2 | 5 | 8 | 1 | 4 | 3 | 9 | 6 |
|---|---|---|---|---|---|---|---|---|
| 8 | 4 | 3 | 9 | 2 | 6 | 7 | 5 | 1 |
| 9 | 6 | 1 | 5 | 3 | 7 | 2 | 8 | 4 |
| 2 | 9 | 6 | 7 | 5 | 3 | 4 | 1 | 8 |
| 5 | 7 | 4 | 6 | 8 | 1 | 9 | 2 | 3 |
| 3 | 1 | 8 | 2 | 4 | 9 | 6 | 7 | 5 |
| 4 | 8 | 7 | 1 | 6 | 2 | 5 | 3 | 9 |
| 1 | 3 | 9 | 4 | 7 | 5 | 8 | 6 | 2 |
| 6 | 5 | 2 | 3 | 9 | 8 | 1 | 4 | 7 |

## #141

| 2 | 4 | 8 | 5 | 1 | 3 | 9 | 7 | 6 |
|---|---|---|---|---|---|---|---|---|
| 3 | 7 | 1 | 2 | 6 | 9 | 4 | 5 | 8 |
| 6 | 5 | 9 | 8 | 7 | 4 | 1 | 3 | 2 |
| 7 | 2 | 5 | 1 | 4 | 6 | 3 | 8 | 9 |
| 9 | 1 | 6 | 7 | 3 | 8 | 2 | 4 | 5 |
| 8 | 3 | 4 | 9 | 5 | 2 | 7 | 6 | 1 |
| 5 | 9 | 3 | 6 | 2 | 7 | 8 | 1 | 4 |
| 1 | 8 | 7 | 4 | 9 | 5 | 6 | 2 | 3 |
| 4 | 6 | 2 | 3 | 8 | 1 | 5 | 9 | 7 |

## #144

| 3 | 7 | 5 | 9 | 6 | 8 | 2 | 1 | 4 |
|---|---|---|---|---|---|---|---|---|
| 6 | 8 | 4 | 2 | 3 | 1 | 9 | 5 | 7 |
| 1 | 9 | 2 | 7 | 4 | 5 | 6 | 8 | 3 |
| 9 | 4 | 1 | 3 | 8 | 2 | 5 | 7 | 6 |
| 8 | 3 | 6 | 5 | 9 | 7 | 4 | 2 | 1 |
| 2 | 5 | 7 | 6 | 1 | 4 | 3 | 9 | 8 |
| 4 | 1 | 3 | 8 | 5 | 9 | 7 | 6 | 2 |
| 7 | 6 | 9 | 1 | 2 | 3 | 8 | 4 | 5 |
| 5 | 2 | 8 | 4 | 7 | 6 | 1 | 3 | 9 |

## #145

| 5 | 1 | 2 | 6 | 8 | 9 | 3 | 7 | 4 |
| 8 | 4 | 7 | 3 | 2 | 1 | 6 | 5 | 9 |
| 9 | 6 | 3 | 7 | 5 | 4 | 1 | 2 | 8 |
| 2 | 3 | 1 | 9 | 4 | 5 | 8 | 6 | 7 |
| 6 | 8 | 5 | 1 | 7 | 3 | 4 | 9 | 2 |
| 4 | 7 | 9 | 8 | 6 | 2 | 5 | 3 | 1 |
| 3 | 5 | 8 | 4 | 9 | 7 | 2 | 1 | 6 |
| 1 | 9 | 6 | 2 | 3 | 8 | 7 | 4 | 5 |
| 7 | 2 | 4 | 5 | 1 | 6 | 9 | 8 | 3 |

## #148

| 9 | 4 | 2 | 3 | 7 | 6 | 8 | 5 | 1 |
| 1 | 6 | 8 | 9 | 4 | 5 | 3 | 7 | 2 |
| 5 | 3 | 7 | 2 | 1 | 8 | 4 | 9 | 6 |
| 7 | 2 | 6 | 4 | 9 | 3 | 5 | 1 | 8 |
| 8 | 1 | 4 | 7 | 5 | 2 | 6 | 3 | 9 |
| 3 | 5 | 9 | 6 | 8 | 1 | 2 | 4 | 7 |
| 4 | 7 | 3 | 8 | 2 | 9 | 1 | 6 | 5 |
| 2 | 9 | 1 | 5 | 6 | 4 | 7 | 8 | 3 |
| 6 | 8 | 5 | 1 | 3 | 7 | 9 | 2 | 4 |

## #146

| 4 | 5 | 2 | 8 | 1 | 9 | 3 | 6 | 7 |
| 7 | 8 | 6 | 5 | 2 | 3 | 1 | 9 | 4 |
| 9 | 1 | 3 | 6 | 4 | 7 | 5 | 8 | 2 |
| 2 | 3 | 5 | 1 | 6 | 4 | 8 | 7 | 9 |
| 6 | 4 | 9 | 7 | 5 | 8 | 2 | 1 | 3 |
| 8 | 7 | 1 | 3 | 9 | 2 | 4 | 5 | 6 |
| 3 | 6 | 8 | 4 | 7 | 5 | 9 | 2 | 1 |
| 5 | 9 | 7 | 2 | 3 | 1 | 6 | 4 | 8 |
| 1 | 2 | 4 | 9 | 8 | 6 | 7 | 3 | 5 |

## #149

| 2 | 6 | 4 | 3 | 9 | 7 | 8 | 1 | 5 |
| 9 | 1 | 5 | 6 | 4 | 8 | 7 | 3 | 2 |
| 7 | 3 | 8 | 5 | 2 | 1 | 4 | 6 | 9 |
| 6 | 4 | 1 | 8 | 7 | 9 | 5 | 2 | 3 |
| 5 | 2 | 7 | 4 | 6 | 3 | 9 | 8 | 1 |
| 3 | 8 | 9 | 1 | 5 | 2 | 6 | 4 | 7 |
| 1 | 7 | 3 | 9 | 8 | 6 | 2 | 5 | 4 |
| 4 | 9 | 6 | 2 | 1 | 5 | 3 | 7 | 8 |
| 8 | 5 | 2 | 7 | 3 | 4 | 1 | 9 | 6 |

## #147

| 1 | 4 | 8 | 3 | 7 | 2 | 5 | 6 | 9 |
| 9 | 3 | 6 | 5 | 8 | 4 | 1 | 2 | 7 |
| 5 | 7 | 2 | 1 | 6 | 9 | 8 | 4 | 3 |
| 4 | 1 | 3 | 8 | 5 | 6 | 9 | 7 | 2 |
| 7 | 2 | 5 | 9 | 4 | 1 | 6 | 3 | 8 |
| 6 | 8 | 9 | 2 | 3 | 7 | 4 | 5 | 1 |
| 3 | 5 | 4 | 7 | 1 | 8 | 2 | 9 | 6 |
| 8 | 9 | 7 | 6 | 2 | 5 | 3 | 1 | 4 |
| 2 | 6 | 1 | 4 | 9 | 3 | 7 | 8 | 5 |

## #150

| 3 | 9 | 7 | 6 | 1 | 4 | 2 | 5 | 8 |
| 5 | 8 | 1 | 7 | 3 | 2 | 4 | 6 | 9 |
| 6 | 4 | 2 | 9 | 8 | 5 | 7 | 1 | 3 |
| 7 | 2 | 4 | 5 | 9 | 3 | 6 | 8 | 1 |
| 1 | 6 | 5 | 4 | 2 | 8 | 9 | 3 | 7 |
| 9 | 3 | 8 | 1 | 6 | 7 | 5 | 2 | 4 |
| 2 | 7 | 6 | 8 | 4 | 1 | 3 | 9 | 5 |
| 4 | 1 | 3 | 2 | 5 | 9 | 8 | 7 | 6 |
| 8 | 5 | 9 | 3 | 7 | 6 | 1 | 4 | 2 |

## #151

| 7 | 3 | 6 | 9 | 4 | 1 | 8 | 2 | 5 |
| 2 | 1 | 9 | 8 | 3 | 5 | 4 | 6 | 7 |
| 4 | 8 | 5 | 7 | 6 | 2 | 1 | 9 | 3 |
| 9 | 2 | 8 | 3 | 1 | 7 | 6 | 5 | 4 |
| 3 | 7 | 4 | 5 | 2 | 6 | 9 | 8 | 1 |
| 6 | 5 | 1 | 4 | 8 | 9 | 3 | 7 | 2 |
| 1 | 6 | 7 | 2 | 9 | 4 | 5 | 3 | 8 |
| 5 | 4 | 3 | 6 | 7 | 8 | 2 | 1 | 9 |
| 8 | 9 | 2 | 1 | 5 | 3 | 7 | 4 | 6 |

## #154

| 8 | 3 | 9 | 7 | 4 | 5 | 6 | 1 | 2 |
| 5 | 6 | 4 | 8 | 2 | 1 | 9 | 3 | 7 |
| 7 | 2 | 1 | 9 | 3 | 6 | 8 | 5 | 4 |
| 6 | 8 | 2 | 4 | 5 | 7 | 1 | 9 | 3 |
| 1 | 4 | 3 | 2 | 6 | 9 | 7 | 8 | 5 |
| 9 | 7 | 5 | 1 | 8 | 3 | 4 | 2 | 6 |
| 4 | 1 | 7 | 3 | 9 | 2 | 5 | 6 | 8 |
| 2 | 9 | 6 | 5 | 7 | 8 | 3 | 4 | 1 |
| 3 | 5 | 8 | 6 | 1 | 4 | 2 | 7 | 9 |

## #152

| 3 | 1 | 9 | 2 | 5 | 8 | 7 | 6 | 4 |
| 7 | 6 | 5 | 3 | 9 | 4 | 8 | 1 | 2 |
| 2 | 4 | 8 | 1 | 6 | 7 | 5 | 9 | 3 |
| 6 | 5 | 2 | 9 | 4 | 3 | 1 | 7 | 8 |
| 9 | 7 | 4 | 8 | 2 | 1 | 6 | 3 | 5 |
| 8 | 3 | 1 | 5 | 7 | 6 | 4 | 2 | 9 |
| 5 | 9 | 7 | 4 | 1 | 2 | 3 | 8 | 6 |
| 4 | 8 | 6 | 7 | 3 | 9 | 2 | 5 | 1 |
| 1 | 2 | 3 | 6 | 8 | 5 | 9 | 4 | 7 |

## #155

| 5 | 6 | 1 | 3 | 2 | 8 | 7 | 9 | 4 |
| 7 | 3 | 8 | 1 | 4 | 9 | 5 | 6 | 2 |
| 4 | 9 | 2 | 5 | 7 | 6 | 8 | 1 | 3 |
| 1 | 8 | 7 | 2 | 5 | 4 | 9 | 3 | 6 |
| 6 | 4 | 3 | 7 | 9 | 1 | 2 | 5 | 8 |
| 2 | 5 | 9 | 8 | 6 | 3 | 1 | 4 | 7 |
| 9 | 2 | 5 | 4 | 3 | 7 | 6 | 8 | 1 |
| 8 | 7 | 4 | 6 | 1 | 5 | 3 | 2 | 9 |
| 3 | 1 | 6 | 9 | 8 | 2 | 4 | 7 | 5 |

## #153

| 5 | 7 | 4 | 8 | 2 | 1 | 6 | 3 | 9 |
| 3 | 8 | 9 | 7 | 6 | 5 | 4 | 1 | 2 |
| 2 | 6 | 1 | 4 | 9 | 3 | 7 | 5 | 8 |
| 9 | 5 | 6 | 1 | 7 | 4 | 2 | 8 | 3 |
| 4 | 1 | 3 | 5 | 8 | 2 | 9 | 7 | 6 |
| 7 | 2 | 8 | 6 | 3 | 9 | 5 | 4 | 1 |
| 1 | 4 | 2 | 3 | 5 | 6 | 8 | 9 | 7 |
| 8 | 9 | 5 | 2 | 1 | 7 | 3 | 6 | 4 |
| 6 | 3 | 7 | 9 | 4 | 8 | 1 | 2 | 5 |

## #156

| 1 | 7 | 8 | 9 | 4 | 2 | 5 | 6 | 3 |
| 4 | 3 | 2 | 1 | 6 | 5 | 7 | 8 | 9 |
| 5 | 9 | 6 | 3 | 8 | 7 | 4 | 2 | 1 |
| 6 | 1 | 3 | 5 | 9 | 4 | 8 | 7 | 2 |
| 7 | 5 | 4 | 2 | 1 | 8 | 9 | 3 | 6 |
| 8 | 2 | 9 | 7 | 3 | 6 | 1 | 5 | 4 |
| 2 | 6 | 7 | 4 | 5 | 1 | 3 | 9 | 8 |
| 9 | 4 | 5 | 8 | 2 | 3 | 6 | 1 | 7 |
| 3 | 8 | 1 | 6 | 7 | 9 | 2 | 4 | 5 |

## #157

| 6 | 7 | 4 | 8 | 1 | 2 | 3 | 9 | 5 |
|---|---|---|---|---|---|---|---|---|
| 2 | 3 | 5 | 6 | 9 | 4 | 8 | 1 | 7 |
| 9 | 1 | 8 | 3 | 7 | 5 | 4 | 6 | 2 |
| 1 | 5 | 7 | 2 | 6 | 8 | 9 | 3 | 4 |
| 4 | 6 | 3 | 9 | 5 | 1 | 7 | 2 | 8 |
| 8 | 9 | 2 | 7 | 4 | 3 | 6 | 5 | 1 |
| 5 | 4 | 9 | 1 | 8 | 6 | 2 | 7 | 3 |
| 3 | 8 | 6 | 5 | 2 | 7 | 1 | 4 | 9 |
| 7 | 2 | 1 | 4 | 3 | 9 | 5 | 8 | 6 |

## #160

| 6 | 5 | 3 | 8 | 1 | 7 | 2 | 4 | 9 |
|---|---|---|---|---|---|---|---|---|
| 1 | 4 | 8 | 9 | 6 | 2 | 3 | 7 | 5 |
| 2 | 7 | 9 | 5 | 3 | 4 | 6 | 8 | 1 |
| 7 | 2 | 6 | 1 | 9 | 5 | 8 | 3 | 4 |
| 9 | 8 | 5 | 2 | 4 | 3 | 7 | 1 | 6 |
| 4 | 3 | 1 | 7 | 8 | 6 | 9 | 5 | 2 |
| 8 | 1 | 2 | 3 | 5 | 9 | 4 | 6 | 7 |
| 3 | 9 | 4 | 6 | 7 | 1 | 5 | 2 | 8 |
| 5 | 6 | 7 | 4 | 2 | 8 | 1 | 9 | 3 |

## #158

| 8 | 7 | 6 | 1 | 4 | 9 | 5 | 2 | 3 |
|---|---|---|---|---|---|---|---|---|
| 9 | 5 | 2 | 8 | 6 | 3 | 4 | 7 | 1 |
| 3 | 4 | 1 | 5 | 7 | 2 | 6 | 9 | 8 |
| 7 | 3 | 4 | 9 | 8 | 6 | 2 | 1 | 5 |
| 1 | 2 | 5 | 7 | 3 | 4 | 8 | 6 | 9 |
| 6 | 9 | 8 | 2 | 1 | 5 | 3 | 4 | 7 |
| 2 | 1 | 9 | 4 | 5 | 8 | 7 | 3 | 6 |
| 4 | 8 | 3 | 6 | 9 | 7 | 1 | 5 | 2 |
| 5 | 6 | 7 | 3 | 2 | 1 | 9 | 8 | 4 |

## #161

| 2 | 8 | 5 | 4 | 7 | 6 | 3 | 9 | 1 |
|---|---|---|---|---|---|---|---|---|
| 1 | 4 | 7 | 9 | 3 | 8 | 5 | 2 | 6 |
| 3 | 6 | 9 | 5 | 2 | 1 | 4 | 8 | 7 |
| 8 | 3 | 6 | 2 | 1 | 4 | 9 | 7 | 5 |
| 5 | 1 | 2 | 3 | 9 | 7 | 6 | 4 | 8 |
| 9 | 7 | 4 | 8 | 6 | 5 | 2 | 1 | 3 |
| 6 | 5 | 1 | 7 | 4 | 2 | 8 | 3 | 9 |
| 4 | 9 | 8 | 1 | 5 | 3 | 7 | 6 | 2 |
| 7 | 2 | 3 | 6 | 8 | 9 | 1 | 5 | 4 |

## #159

| 7 | 2 | 5 | 9 | 6 | 4 | 1 | 8 | 3 |
|---|---|---|---|---|---|---|---|---|
| 6 | 4 | 1 | 3 | 5 | 8 | 2 | 7 | 9 |
| 9 | 3 | 8 | 2 | 7 | 1 | 6 | 5 | 4 |
| 2 | 6 | 7 | 8 | 4 | 5 | 9 | 3 | 1 |
| 3 | 8 | 9 | 7 | 1 | 2 | 5 | 4 | 6 |
| 1 | 5 | 4 | 6 | 9 | 3 | 8 | 2 | 7 |
| 5 | 7 | 3 | 1 | 2 | 6 | 4 | 9 | 8 |
| 8 | 1 | 2 | 4 | 3 | 9 | 7 | 6 | 5 |
| 4 | 9 | 6 | 5 | 8 | 7 | 3 | 1 | 2 |

## #162

| 2 | 9 | 3 | 5 | 7 | 4 | 8 | 6 | 1 |
|---|---|---|---|---|---|---|---|---|
| 8 | 1 | 5 | 2 | 9 | 6 | 7 | 3 | 4 |
| 7 | 4 | 6 | 3 | 1 | 8 | 5 | 2 | 9 |
| 5 | 2 | 9 | 6 | 3 | 1 | 4 | 7 | 8 |
| 6 | 3 | 8 | 9 | 4 | 7 | 2 | 1 | 5 |
| 4 | 7 | 1 | 8 | 5 | 2 | 6 | 9 | 3 |
| 3 | 6 | 7 | 1 | 8 | 5 | 9 | 4 | 2 |
| 9 | 5 | 4 | 7 | 2 | 3 | 1 | 8 | 6 |
| 1 | 8 | 2 | 4 | 6 | 9 | 3 | 5 | 7 |

## #163

| 8 | 3 | 4 | 5 | 1 | 7 | 9 | 6 | 2 |
| 6 | 5 | 1 | 2 | 8 | 9 | 7 | 4 | 3 |
| 9 | 7 | 2 | 4 | 6 | 3 | 1 | 8 | 5 |
| 5 | 8 | 3 | 9 | 4 | 2 | 6 | 7 | 1 |
| 1 | 9 | 7 | 6 | 3 | 8 | 2 | 5 | 4 |
| 4 | 2 | 6 | 1 | 7 | 5 | 3 | 9 | 8 |
| 2 | 4 | 5 | 3 | 9 | 6 | 8 | 1 | 7 |
| 3 | 6 | 8 | 7 | 5 | 1 | 4 | 2 | 9 |
| 7 | 1 | 9 | 8 | 2 | 4 | 5 | 3 | 6 |

## #166

| 5 | 1 | 8 | 6 | 7 | 3 | 4 | 2 | 9 |
| 4 | 9 | 2 | 1 | 5 | 8 | 3 | 7 | 6 |
| 3 | 7 | 6 | 4 | 9 | 2 | 5 | 1 | 8 |
| 8 | 4 | 7 | 9 | 2 | 5 | 1 | 6 | 3 |
| 1 | 6 | 9 | 3 | 4 | 7 | 2 | 8 | 5 |
| 2 | 3 | 5 | 8 | 6 | 1 | 9 | 4 | 7 |
| 9 | 2 | 1 | 7 | 3 | 6 | 8 | 5 | 4 |
| 6 | 5 | 3 | 2 | 8 | 4 | 7 | 9 | 1 |
| 7 | 8 | 4 | 5 | 1 | 9 | 6 | 3 | 2 |

## #164

| 8 | 3 | 4 | 1 | 6 | 7 | 2 | 5 | 9 |
| 5 | 6 | 9 | 2 | 3 | 4 | 1 | 8 | 7 |
| 1 | 7 | 2 | 9 | 5 | 8 | 4 | 6 | 3 |
| 9 | 8 | 7 | 3 | 1 | 5 | 6 | 4 | 2 |
| 2 | 1 | 5 | 6 | 4 | 9 | 7 | 3 | 8 |
| 6 | 4 | 3 | 8 | 7 | 2 | 5 | 9 | 1 |
| 4 | 9 | 1 | 7 | 8 | 6 | 3 | 2 | 5 |
| 7 | 5 | 8 | 4 | 2 | 3 | 9 | 1 | 6 |
| 3 | 2 | 6 | 5 | 9 | 1 | 8 | 7 | 4 |

## #167

| 7 | 8 | 3 | 2 | 6 | 1 | 4 | 5 | 9 |
| 4 | 1 | 2 | 7 | 5 | 9 | 8 | 3 | 6 |
| 5 | 9 | 6 | 4 | 8 | 3 | 1 | 2 | 7 |
| 8 | 3 | 1 | 6 | 7 | 4 | 5 | 9 | 2 |
| 2 | 4 | 7 | 1 | 9 | 5 | 6 | 8 | 3 |
| 9 | 6 | 5 | 8 | 3 | 2 | 7 | 4 | 1 |
| 6 | 5 | 8 | 3 | 2 | 7 | 9 | 1 | 4 |
| 1 | 2 | 9 | 5 | 4 | 6 | 3 | 7 | 8 |
| 3 | 7 | 4 | 9 | 1 | 8 | 2 | 6 | 5 |

## #165

| 9 | 3 | 5 | 4 | 1 | 6 | 7 | 2 | 8 |
| 1 | 6 | 7 | 2 | 8 | 3 | 5 | 9 | 4 |
| 2 | 4 | 8 | 5 | 9 | 7 | 1 | 3 | 6 |
| 4 | 2 | 6 | 1 | 5 | 9 | 8 | 7 | 3 |
| 8 | 5 | 3 | 7 | 4 | 2 | 6 | 1 | 9 |
| 7 | 1 | 9 | 3 | 6 | 8 | 2 | 4 | 5 |
| 6 | 7 | 1 | 8 | 3 | 4 | 9 | 5 | 2 |
| 3 | 8 | 2 | 9 | 7 | 5 | 4 | 6 | 1 |
| 5 | 9 | 4 | 6 | 2 | 1 | 3 | 8 | 7 |

## #168

| 6 | 3 | 1 | 9 | 2 | 7 | 8 | 4 | 5 |
| 2 | 5 | 9 | 1 | 8 | 4 | 3 | 6 | 7 |
| 4 | 8 | 7 | 5 | 6 | 3 | 9 | 1 | 2 |
| 8 | 2 | 3 | 4 | 7 | 5 | 6 | 9 | 1 |
| 5 | 9 | 4 | 2 | 1 | 6 | 7 | 3 | 8 |
| 1 | 7 | 6 | 3 | 9 | 8 | 2 | 5 | 4 |
| 7 | 1 | 8 | 6 | 4 | 9 | 5 | 2 | 3 |
| 9 | 4 | 5 | 8 | 3 | 2 | 1 | 7 | 6 |
| 3 | 6 | 2 | 7 | 5 | 1 | 4 | 8 | 9 |

## #169

| 2 | 4 | 8 | 7 | 5 | 6 | 3 | 1 | 9 |
|---|---|---|---|---|---|---|---|---|
| 3 | 1 | 5 | 8 | 9 | 2 | 4 | 6 | 7 |
| 6 | 9 | 7 | 3 | 4 | 1 | 8 | 5 | 2 |
| 8 | 3 | 6 | 9 | 2 | 5 | 1 | 7 | 4 |
| 1 | 2 | 9 | 4 | 8 | 7 | 5 | 3 | 6 |
| 7 | 5 | 4 | 1 | 6 | 3 | 2 | 9 | 8 |
| 9 | 8 | 1 | 5 | 7 | 4 | 6 | 2 | 3 |
| 4 | 6 | 3 | 2 | 1 | 9 | 7 | 8 | 5 |
| 5 | 7 | 2 | 6 | 3 | 8 | 9 | 4 | 1 |

## #172

| 4 | 1 | 6 | 2 | 7 | 3 | 5 | 8 | 9 |
|---|---|---|---|---|---|---|---|---|
| 2 | 5 | 7 | 9 | 4 | 8 | 6 | 1 | 3 |
| 3 | 8 | 9 | 1 | 6 | 5 | 7 | 4 | 2 |
| 6 | 9 | 1 | 3 | 5 | 2 | 4 | 7 | 8 |
| 8 | 3 | 2 | 4 | 1 | 7 | 9 | 5 | 6 |
| 7 | 4 | 5 | 8 | 9 | 6 | 2 | 3 | 1 |
| 5 | 6 | 8 | 7 | 2 | 1 | 3 | 9 | 4 |
| 1 | 7 | 4 | 6 | 3 | 9 | 8 | 2 | 5 |
| 9 | 2 | 3 | 5 | 8 | 4 | 1 | 6 | 7 |

## #170

| 7 | 5 | 3 | 4 | 2 | 9 | 6 | 1 | 8 |
|---|---|---|---|---|---|---|---|---|
| 1 | 4 | 2 | 6 | 5 | 8 | 9 | 7 | 3 |
| 9 | 6 | 8 | 3 | 7 | 1 | 5 | 2 | 4 |
| 8 | 2 | 9 | 1 | 4 | 3 | 7 | 5 | 6 |
| 4 | 1 | 7 | 8 | 6 | 5 | 2 | 3 | 9 |
| 5 | 3 | 6 | 7 | 9 | 2 | 8 | 4 | 1 |
| 2 | 7 | 4 | 9 | 1 | 6 | 3 | 8 | 5 |
| 3 | 9 | 5 | 2 | 8 | 4 | 1 | 6 | 7 |
| 6 | 8 | 1 | 5 | 3 | 7 | 4 | 9 | 2 |

## #173

| 6 | 9 | 3 | 8 | 2 | 4 | 1 | 7 | 5 |
|---|---|---|---|---|---|---|---|---|
| 2 | 5 | 1 | 6 | 9 | 7 | 4 | 3 | 8 |
| 7 | 4 | 8 | 5 | 1 | 3 | 6 | 2 | 9 |
| 8 | 6 | 9 | 1 | 4 | 2 | 7 | 5 | 3 |
| 5 | 2 | 7 | 9 | 3 | 6 | 8 | 1 | 4 |
| 1 | 3 | 4 | 7 | 5 | 8 | 2 | 9 | 6 |
| 3 | 8 | 5 | 4 | 7 | 1 | 9 | 6 | 2 |
| 9 | 7 | 6 | 2 | 8 | 5 | 3 | 4 | 1 |
| 4 | 1 | 2 | 3 | 6 | 9 | 5 | 8 | 7 |

## #171

| 1 | 4 | 3 | 5 | 9 | 7 | 6 | 2 | 8 |
|---|---|---|---|---|---|---|---|---|
| 7 | 8 | 2 | 1 | 3 | 6 | 5 | 4 | 9 |
| 9 | 6 | 5 | 8 | 4 | 2 | 3 | 1 | 7 |
| 6 | 9 | 7 | 2 | 8 | 4 | 1 | 5 | 3 |
| 8 | 5 | 1 | 9 | 6 | 3 | 2 | 7 | 4 |
| 2 | 3 | 4 | 7 | 1 | 5 | 9 | 8 | 6 |
| 5 | 1 | 8 | 3 | 7 | 9 | 4 | 6 | 2 |
| 3 | 7 | 6 | 4 | 2 | 1 | 8 | 9 | 5 |
| 4 | 2 | 9 | 6 | 5 | 8 | 7 | 3 | 1 |

## #174

| 6 | 3 | 5 | 4 | 9 | 7 | 8 | 1 | 2 |
|---|---|---|---|---|---|---|---|---|
| 4 | 9 | 8 | 6 | 1 | 2 | 5 | 7 | 3 |
| 1 | 2 | 7 | 3 | 5 | 8 | 9 | 4 | 6 |
| 3 | 5 | 1 | 2 | 6 | 9 | 4 | 8 | 7 |
| 7 | 8 | 9 | 1 | 3 | 4 | 2 | 6 | 5 |
| 2 | 4 | 6 | 8 | 7 | 5 | 3 | 9 | 1 |
| 5 | 6 | 4 | 7 | 8 | 3 | 1 | 2 | 9 |
| 9 | 1 | 2 | 5 | 4 | 6 | 7 | 3 | 8 |
| 8 | 7 | 3 | 9 | 2 | 1 | 6 | 5 | 4 |

## #175

| 7 | 1 | 6 | 9 | 2 | 8 | 5 | 4 | 3 |
|---|---|---|---|---|---|---|---|---|
| 3 | 8 | 4 | 1 | 7 | 5 | 2 | 9 | 6 |
| 2 | 9 | 5 | 4 | 3 | 6 | 8 | 1 | 7 |
| 1 | 4 | 7 | 2 | 9 | 3 | 6 | 8 | 5 |
| 5 | 2 | 8 | 6 | 4 | 1 | 7 | 3 | 9 |
| 9 | 6 | 3 | 8 | 5 | 7 | 4 | 2 | 1 |
| 8 | 5 | 2 | 3 | 6 | 9 | 1 | 7 | 4 |
| 6 | 3 | 1 | 7 | 8 | 4 | 9 | 5 | 2 |
| 4 | 7 | 9 | 5 | 1 | 2 | 3 | 6 | 8 |

## #178

| 6 | 8 | 3 | 4 | 2 | 7 | 1 | 5 | 9 |
|---|---|---|---|---|---|---|---|---|
| 5 | 4 | 7 | 3 | 9 | 1 | 2 | 8 | 6 |
| 2 | 1 | 9 | 8 | 6 | 5 | 4 | 3 | 7 |
| 4 | 2 | 1 | 9 | 3 | 6 | 8 | 7 | 5 |
| 3 | 7 | 6 | 1 | 5 | 8 | 9 | 2 | 4 |
| 9 | 5 | 8 | 7 | 4 | 2 | 3 | 6 | 1 |
| 7 | 6 | 4 | 2 | 8 | 9 | 5 | 1 | 3 |
| 1 | 9 | 2 | 5 | 7 | 3 | 6 | 4 | 8 |
| 8 | 3 | 5 | 6 | 1 | 4 | 7 | 9 | 2 |

## #176

| 6 | 8 | 5 | 2 | 3 | 1 | 7 | 9 | 4 |
|---|---|---|---|---|---|---|---|---|
| 7 | 4 | 9 | 6 | 5 | 8 | 2 | 3 | 1 |
| 3 | 1 | 2 | 9 | 4 | 7 | 5 | 8 | 6 |
| 8 | 3 | 7 | 4 | 1 | 9 | 6 | 5 | 2 |
| 1 | 5 | 4 | 8 | 6 | 2 | 9 | 7 | 3 |
| 2 | 9 | 6 | 5 | 7 | 3 | 1 | 4 | 8 |
| 9 | 6 | 1 | 7 | 8 | 4 | 3 | 2 | 5 |
| 5 | 2 | 8 | 3 | 9 | 6 | 4 | 1 | 7 |
| 4 | 7 | 3 | 1 | 2 | 5 | 8 | 6 | 9 |

## #179

| 2 | 5 | 3 | 1 | 6 | 8 | 7 | 4 | 9 |
|---|---|---|---|---|---|---|---|---|
| 1 | 9 | 8 | 4 | 3 | 7 | 5 | 2 | 6 |
| 6 | 4 | 7 | 2 | 9 | 5 | 1 | 3 | 8 |
| 3 | 7 | 5 | 9 | 4 | 1 | 8 | 6 | 2 |
| 4 | 8 | 2 | 3 | 5 | 6 | 9 | 7 | 1 |
| 9 | 1 | 6 | 8 | 7 | 2 | 4 | 5 | 3 |
| 8 | 2 | 4 | 7 | 1 | 3 | 6 | 9 | 5 |
| 7 | 6 | 1 | 5 | 2 | 9 | 3 | 8 | 4 |
| 5 | 3 | 9 | 6 | 8 | 4 | 2 | 1 | 7 |

## #177

| 8 | 6 | 4 | 3 | 7 | 2 | 5 | 9 | 1 |
|---|---|---|---|---|---|---|---|---|
| 3 | 7 | 9 | 8 | 1 | 5 | 2 | 6 | 4 |
| 2 | 5 | 1 | 6 | 4 | 9 | 3 | 8 | 7 |
| 1 | 3 | 5 | 4 | 6 | 7 | 9 | 2 | 8 |
| 9 | 4 | 8 | 5 | 2 | 3 | 7 | 1 | 6 |
| 6 | 2 | 7 | 9 | 8 | 1 | 4 | 3 | 5 |
| 5 | 9 | 6 | 7 | 3 | 8 | 1 | 4 | 2 |
| 7 | 8 | 2 | 1 | 9 | 4 | 6 | 5 | 3 |
| 4 | 1 | 3 | 2 | 5 | 6 | 8 | 7 | 9 |

## #180

| 3 | 9 | 1 | 2 | 8 | 7 | 5 | 4 | 6 |
|---|---|---|---|---|---|---|---|---|
| 6 | 5 | 7 | 3 | 9 | 4 | 2 | 8 | 1 |
| 8 | 4 | 2 | 6 | 1 | 5 | 9 | 3 | 7 |
| 7 | 1 | 9 | 8 | 5 | 3 | 6 | 2 | 4 |
| 5 | 2 | 3 | 4 | 6 | 9 | 7 | 1 | 8 |
| 4 | 8 | 6 | 7 | 2 | 1 | 3 | 9 | 5 |
| 2 | 6 | 5 | 9 | 4 | 8 | 1 | 7 | 3 |
| 1 | 3 | 8 | 5 | 7 | 2 | 4 | 6 | 9 |
| 9 | 7 | 4 | 1 | 3 | 6 | 8 | 5 | 2 |

## #181

| 5 | 9 | 7 | 8 | 3 | 2 | 4 | 6 | 1 |
| 8 | 6 | 2 | 7 | 1 | 4 | 3 | 9 | 5 |
| 1 | 3 | 4 | 6 | 9 | 5 | 8 | 2 | 7 |
| 2 | 8 | 3 | 4 | 5 | 9 | 7 | 1 | 6 |
| 6 | 1 | 5 | 2 | 7 | 8 | 9 | 3 | 4 |
| 4 | 7 | 9 | 3 | 6 | 1 | 2 | 5 | 8 |
| 9 | 4 | 6 | 1 | 8 | 3 | 5 | 7 | 2 |
| 7 | 5 | 8 | 9 | 2 | 6 | 1 | 4 | 3 |
| 3 | 2 | 1 | 5 | 4 | 7 | 6 | 8 | 9 |

## #184

| 7 | 4 | 1 | 3 | 5 | 6 | 9 | 8 | 2 |
| 9 | 8 | 5 | 4 | 1 | 2 | 3 | 7 | 6 |
| 3 | 6 | 2 | 9 | 8 | 7 | 1 | 5 | 4 |
| 2 | 1 | 3 | 8 | 7 | 5 | 6 | 4 | 9 |
| 8 | 5 | 6 | 1 | 9 | 4 | 7 | 2 | 3 |
| 4 | 7 | 9 | 2 | 6 | 3 | 5 | 1 | 8 |
| 1 | 9 | 7 | 6 | 4 | 8 | 2 | 3 | 5 |
| 5 | 3 | 8 | 7 | 2 | 9 | 4 | 6 | 1 |
| 6 | 2 | 4 | 5 | 3 | 1 | 8 | 9 | 7 |

## #182

| 8 | 6 | 7 | 1 | 5 | 9 | 2 | 4 | 3 |
| 1 | 9 | 3 | 2 | 4 | 8 | 7 | 6 | 5 |
| 2 | 4 | 5 | 7 | 3 | 6 | 8 | 9 | 1 |
| 5 | 7 | 2 | 4 | 6 | 1 | 9 | 3 | 8 |
| 9 | 8 | 6 | 3 | 7 | 5 | 4 | 1 | 2 |
| 4 | 3 | 1 | 9 | 8 | 2 | 6 | 5 | 7 |
| 6 | 5 | 9 | 8 | 2 | 3 | 1 | 7 | 4 |
| 3 | 2 | 4 | 6 | 1 | 7 | 5 | 8 | 9 |
| 7 | 1 | 8 | 5 | 9 | 4 | 3 | 2 | 6 |

## #185

| 6 | 2 | 3 | 9 | 4 | 7 | 1 | 5 | 8 |
| 8 | 1 | 9 | 2 | 3 | 5 | 7 | 6 | 4 |
| 4 | 5 | 7 | 6 | 1 | 8 | 9 | 2 | 3 |
| 7 | 6 | 4 | 8 | 2 | 1 | 5 | 3 | 9 |
| 5 | 9 | 8 | 7 | 6 | 3 | 4 | 1 | 2 |
| 1 | 3 | 2 | 5 | 9 | 4 | 6 | 8 | 7 |
| 9 | 7 | 6 | 3 | 5 | 2 | 8 | 4 | 1 |
| 2 | 4 | 5 | 1 | 8 | 9 | 3 | 7 | 6 |
| 3 | 8 | 1 | 4 | 7 | 6 | 2 | 9 | 5 |

## #183

| 8 | 6 | 5 | 9 | 2 | 4 | 1 | 7 | 3 |
| 2 | 7 | 3 | 1 | 8 | 6 | 4 | 9 | 5 |
| 9 | 1 | 4 | 7 | 5 | 3 | 8 | 2 | 6 |
| 1 | 2 | 8 | 5 | 6 | 7 | 9 | 3 | 4 |
| 7 | 5 | 9 | 4 | 3 | 1 | 2 | 6 | 8 |
| 3 | 4 | 6 | 8 | 9 | 2 | 7 | 5 | 1 |
| 6 | 9 | 7 | 3 | 4 | 8 | 5 | 1 | 2 |
| 5 | 8 | 2 | 6 | 1 | 9 | 3 | 4 | 7 |
| 4 | 3 | 1 | 2 | 7 | 5 | 6 | 8 | 9 |

## #186

| 4 | 3 | 1 | 8 | 5 | 9 | 6 | 2 | 7 |
| 6 | 7 | 2 | 4 | 3 | 1 | 9 | 5 | 8 |
| 8 | 9 | 5 | 7 | 2 | 6 | 1 | 3 | 4 |
| 2 | 4 | 8 | 6 | 1 | 5 | 7 | 9 | 3 |
| 7 | 5 | 6 | 9 | 4 | 3 | 8 | 1 | 2 |
| 3 | 1 | 9 | 2 | 7 | 8 | 4 | 6 | 5 |
| 9 | 2 | 3 | 1 | 8 | 4 | 5 | 7 | 6 |
| 1 | 8 | 7 | 5 | 6 | 2 | 3 | 4 | 9 |
| 5 | 6 | 4 | 3 | 9 | 7 | 2 | 8 | 1 |

## #187

| 9 | 7 | 5 | 4 | 6 | 2 | 8 | 1 | 3 |
|---|---|---|---|---|---|---|---|---|
| 6 | 2 | 8 | 3 | 5 | 1 | 4 | 7 | 9 |
| 3 | 4 | 1 | 8 | 7 | 9 | 5 | 2 | 6 |
| 4 | 5 | 6 | 1 | 3 | 8 | 2 | 9 | 7 |
| 2 | 9 | 7 | 6 | 4 | 5 | 1 | 3 | 8 |
| 8 | 1 | 3 | 9 | 2 | 7 | 6 | 4 | 5 |
| 5 | 3 | 2 | 7 | 1 | 6 | 9 | 8 | 4 |
| 1 | 8 | 4 | 5 | 9 | 3 | 7 | 6 | 2 |
| 7 | 6 | 9 | 2 | 8 | 4 | 3 | 5 | 1 |

## #190

| 1 | 5 | 4 | 9 | 8 | 2 | 3 | 6 | 7 |
|---|---|---|---|---|---|---|---|---|
| 2 | 9 | 7 | 3 | 4 | 6 | 8 | 1 | 5 |
| 6 | 8 | 3 | 5 | 1 | 7 | 4 | 9 | 2 |
| 5 | 3 | 6 | 1 | 2 | 8 | 9 | 7 | 4 |
| 9 | 4 | 1 | 7 | 3 | 5 | 6 | 2 | 8 |
| 8 | 7 | 2 | 4 | 6 | 9 | 5 | 3 | 1 |
| 3 | 1 | 8 | 6 | 7 | 4 | 2 | 5 | 9 |
| 7 | 2 | 9 | 8 | 5 | 3 | 1 | 4 | 6 |
| 4 | 6 | 5 | 2 | 9 | 1 | 7 | 8 | 3 |

## #188

| 3 | 9 | 5 | 1 | 6 | 2 | 8 | 4 | 7 |
|---|---|---|---|---|---|---|---|---|
| 6 | 8 | 1 | 4 | 5 | 7 | 3 | 2 | 9 |
| 2 | 7 | 4 | 8 | 9 | 3 | 5 | 6 | 1 |
| 4 | 1 | 2 | 6 | 3 | 8 | 9 | 7 | 5 |
| 8 | 5 | 9 | 2 | 7 | 4 | 6 | 1 | 3 |
| 7 | 6 | 3 | 9 | 1 | 5 | 4 | 8 | 2 |
| 1 | 2 | 6 | 3 | 8 | 9 | 7 | 5 | 4 |
| 5 | 3 | 8 | 7 | 4 | 1 | 2 | 9 | 6 |
| 9 | 4 | 7 | 5 | 2 | 6 | 1 | 3 | 8 |

## #191

| 5 | 7 | 4 | 3 | 6 | 9 | 8 | 1 | 2 |
|---|---|---|---|---|---|---|---|---|
| 1 | 8 | 9 | 7 | 4 | 2 | 5 | 6 | 3 |
| 2 | 6 | 3 | 8 | 5 | 1 | 4 | 9 | 7 |
| 9 | 3 | 6 | 4 | 1 | 7 | 2 | 8 | 5 |
| 8 | 2 | 5 | 9 | 3 | 6 | 7 | 4 | 1 |
| 4 | 1 | 7 | 5 | 2 | 8 | 9 | 3 | 6 |
| 6 | 9 | 1 | 2 | 7 | 4 | 3 | 5 | 8 |
| 7 | 5 | 8 | 1 | 9 | 3 | 6 | 2 | 4 |
| 3 | 4 | 2 | 6 | 8 | 5 | 1 | 7 | 9 |

## #189

| 7 | 5 | 4 | 3 | 8 | 9 | 1 | 2 | 6 |
|---|---|---|---|---|---|---|---|---|
| 6 | 8 | 1 | 5 | 2 | 4 | 7 | 9 | 3 |
| 9 | 2 | 3 | 7 | 6 | 1 | 8 | 4 | 5 |
| 4 | 1 | 5 | 9 | 3 | 8 | 6 | 7 | 2 |
| 3 | 7 | 9 | 2 | 5 | 6 | 4 | 8 | 1 |
| 2 | 6 | 8 | 1 | 4 | 7 | 3 | 5 | 9 |
| 1 | 3 | 2 | 8 | 7 | 5 | 9 | 6 | 4 |
| 8 | 9 | 6 | 4 | 1 | 2 | 5 | 3 | 7 |
| 5 | 4 | 7 | 6 | 9 | 3 | 2 | 1 | 8 |

## #192

| 2 | 6 | 8 | 7 | 9 | 5 | 3 | 1 | 4 |
|---|---|---|---|---|---|---|---|---|
| 9 | 5 | 7 | 1 | 3 | 4 | 6 | 2 | 8 |
| 3 | 1 | 4 | 2 | 6 | 8 | 7 | 9 | 5 |
| 5 | 2 | 9 | 3 | 8 | 6 | 1 | 4 | 7 |
| 8 | 7 | 3 | 9 | 4 | 1 | 2 | 5 | 6 |
| 1 | 4 | 6 | 5 | 2 | 7 | 8 | 3 | 9 |
| 7 | 8 | 5 | 4 | 1 | 2 | 9 | 6 | 3 |
| 6 | 3 | 1 | 8 | 5 | 9 | 4 | 7 | 2 |
| 4 | 9 | 2 | 6 | 7 | 3 | 5 | 8 | 1 |

## #193

| 9 | 8 | 4 | 6 | 1 | 7 | 2 | 3 | 5 |
|---|---|---|---|---|---|---|---|---|
| 5 | 7 | 6 | 9 | 3 | 2 | 4 | 8 | 1 |
| 3 | 2 | 1 | 5 | 4 | 8 | 9 | 7 | 6 |
| 1 | 6 | 2 | 3 | 8 | 4 | 5 | 9 | 7 |
| 8 | 4 | 9 | 1 | 7 | 5 | 6 | 2 | 3 |
| 7 | 3 | 5 | 2 | 9 | 6 | 1 | 4 | 8 |
| 4 | 1 | 8 | 7 | 5 | 9 | 3 | 6 | 2 |
| 6 | 9 | 3 | 8 | 2 | 1 | 7 | 5 | 4 |
| 2 | 5 | 7 | 4 | 6 | 3 | 8 | 1 | 9 |

## #196

| 4 | 8 | 2 | 3 | 7 | 1 | 9 | 5 | 6 |
|---|---|---|---|---|---|---|---|---|
| 1 | 5 | 6 | 2 | 8 | 9 | 3 | 4 | 7 |
| 3 | 7 | 9 | 5 | 4 | 6 | 8 | 2 | 1 |
| 2 | 4 | 7 | 9 | 5 | 3 | 6 | 1 | 8 |
| 6 | 1 | 8 | 7 | 2 | 4 | 5 | 3 | 9 |
| 9 | 3 | 5 | 6 | 1 | 8 | 4 | 7 | 2 |
| 7 | 2 | 4 | 8 | 9 | 5 | 1 | 6 | 3 |
| 8 | 6 | 1 | 4 | 3 | 7 | 2 | 9 | 5 |
| 5 | 9 | 3 | 1 | 6 | 2 | 7 | 8 | 4 |

## #194

| 9 | 4 | 7 | 6 | 2 | 5 | 3 | 8 | 1 |
|---|---|---|---|---|---|---|---|---|
| 3 | 6 | 8 | 7 | 9 | 1 | 2 | 5 | 4 |
| 1 | 5 | 2 | 3 | 8 | 4 | 7 | 6 | 9 |
| 6 | 7 | 5 | 4 | 1 | 2 | 8 | 9 | 3 |
| 8 | 3 | 4 | 5 | 6 | 9 | 1 | 7 | 2 |
| 2 | 1 | 9 | 8 | 3 | 7 | 6 | 4 | 5 |
| 5 | 8 | 1 | 2 | 4 | 6 | 9 | 3 | 7 |
| 4 | 9 | 6 | 1 | 7 | 3 | 5 | 2 | 8 |
| 7 | 2 | 3 | 9 | 5 | 8 | 4 | 1 | 6 |

## #197

| 7 | 5 | 8 | 3 | 6 | 9 | 2 | 4 | 1 |
|---|---|---|---|---|---|---|---|---|
| 6 | 2 | 1 | 5 | 8 | 4 | 7 | 9 | 3 |
| 3 | 4 | 9 | 1 | 7 | 2 | 8 | 5 | 6 |
| 4 | 8 | 7 | 2 | 5 | 1 | 6 | 3 | 9 |
| 5 | 9 | 2 | 7 | 3 | 6 | 1 | 8 | 4 |
| 1 | 3 | 6 | 9 | 4 | 8 | 5 | 2 | 7 |
| 2 | 7 | 3 | 4 | 1 | 5 | 9 | 6 | 8 |
| 8 | 1 | 5 | 6 | 9 | 3 | 4 | 7 | 2 |
| 9 | 6 | 4 | 8 | 2 | 7 | 3 | 1 | 5 |

## #195

| 7 | 1 | 9 | 4 | 8 | 3 | 6 | 2 | 5 |
|---|---|---|---|---|---|---|---|---|
| 5 | 6 | 8 | 2 | 7 | 9 | 1 | 4 | 3 |
| 4 | 3 | 2 | 1 | 6 | 5 | 7 | 8 | 9 |
| 1 | 9 | 3 | 8 | 5 | 2 | 4 | 7 | 6 |
| 2 | 7 | 5 | 9 | 4 | 6 | 8 | 3 | 1 |
| 6 | 8 | 4 | 7 | 3 | 1 | 5 | 9 | 2 |
| 3 | 4 | 6 | 5 | 2 | 8 | 9 | 1 | 7 |
| 9 | 2 | 7 | 6 | 1 | 4 | 3 | 5 | 8 |
| 8 | 5 | 1 | 3 | 9 | 7 | 2 | 6 | 4 |

## #198

| 8 | 5 | 4 | 9 | 2 | 1 | 3 | 6 | 7 |
|---|---|---|---|---|---|---|---|---|
| 6 | 9 | 7 | 4 | 3 | 5 | 2 | 8 | 1 |
| 3 | 2 | 1 | 6 | 8 | 7 | 9 | 4 | 5 |
| 2 | 3 | 6 | 1 | 9 | 8 | 7 | 5 | 4 |
| 1 | 8 | 9 | 7 | 5 | 4 | 6 | 3 | 2 |
| 4 | 7 | 5 | 3 | 6 | 2 | 1 | 9 | 8 |
| 5 | 6 | 8 | 2 | 1 | 9 | 4 | 7 | 3 |
| 9 | 4 | 2 | 8 | 7 | 3 | 5 | 1 | 6 |
| 7 | 1 | 3 | 5 | 4 | 6 | 8 | 2 | 9 |

## #199

| 2 | 9 | 5 | 7 | 4 | 8 | 6 | 3 | 1 |
| 4 | 7 | 6 | 5 | 3 | 1 | 8 | 2 | 9 |
| 3 | 8 | 1 | 9 | 2 | 6 | 7 | 5 | 4 |
| 5 | 4 | 9 | 3 | 8 | 2 | 1 | 6 | 7 |
| 7 | 3 | 2 | 6 | 1 | 9 | 4 | 8 | 5 |
| 6 | 1 | 8 | 4 | 7 | 5 | 2 | 9 | 3 |
| 9 | 5 | 7 | 2 | 6 | 4 | 3 | 1 | 8 |
| 8 | 6 | 4 | 1 | 5 | 3 | 9 | 7 | 2 |
| 1 | 2 | 3 | 8 | 9 | 7 | 5 | 4 | 6 |

## #202

| 1 | 2 | 7 | 3 | 4 | 9 | 5 | 8 | 6 |
| 4 | 6 | 3 | 7 | 5 | 8 | 1 | 9 | 2 |
| 9 | 8 | 5 | 1 | 2 | 6 | 3 | 7 | 4 |
| 7 | 9 | 8 | 6 | 1 | 2 | 4 | 5 | 3 |
| 5 | 1 | 6 | 8 | 3 | 4 | 7 | 2 | 9 |
| 3 | 4 | 2 | 5 | 9 | 7 | 6 | 1 | 8 |
| 6 | 5 | 1 | 2 | 8 | 3 | 9 | 4 | 7 |
| 8 | 3 | 4 | 9 | 7 | 5 | 2 | 6 | 1 |
| 2 | 7 | 9 | 4 | 6 | 1 | 8 | 3 | 5 |

## #200

| 7 | 2 | 1 | 5 | 8 | 9 | 3 | 6 | 4 |
| 4 | 9 | 6 | 3 | 2 | 7 | 8 | 1 | 5 |
| 8 | 3 | 5 | 6 | 1 | 4 | 9 | 2 | 7 |
| 6 | 4 | 9 | 8 | 3 | 1 | 5 | 7 | 2 |
| 2 | 5 | 7 | 4 | 9 | 6 | 1 | 3 | 8 |
| 3 | 1 | 8 | 7 | 5 | 2 | 6 | 4 | 9 |
| 9 | 6 | 4 | 1 | 7 | 8 | 2 | 5 | 3 |
| 1 | 8 | 3 | 2 | 4 | 5 | 7 | 9 | 6 |
| 5 | 7 | 2 | 9 | 6 | 3 | 4 | 8 | 1 |

## #203

| 1 | 8 | 4 | 2 | 3 | 9 | 7 | 6 | 5 |
| 3 | 6 | 7 | 8 | 5 | 4 | 2 | 1 | 9 |
| 2 | 5 | 9 | 1 | 7 | 6 | 3 | 4 | 8 |
| 6 | 9 | 5 | 7 | 1 | 2 | 8 | 3 | 4 |
| 8 | 7 | 3 | 9 | 4 | 5 | 6 | 2 | 1 |
| 4 | 1 | 2 | 3 | 6 | 8 | 5 | 9 | 7 |
| 7 | 4 | 8 | 6 | 2 | 1 | 9 | 5 | 3 |
| 5 | 3 | 6 | 4 | 9 | 7 | 1 | 8 | 2 |
| 9 | 2 | 1 | 5 | 8 | 3 | 4 | 7 | 6 |

## #201

| 4 | 6 | 9 | 7 | 5 | 2 | 8 | 3 | 1 |
| 1 | 5 | 8 | 3 | 4 | 6 | 7 | 9 | 2 |
| 2 | 7 | 3 | 9 | 8 | 1 | 4 | 5 | 6 |
| 8 | 1 | 6 | 2 | 7 | 5 | 9 | 4 | 3 |
| 3 | 9 | 5 | 6 | 1 | 4 | 2 | 8 | 7 |
| 7 | 2 | 4 | 8 | 3 | 9 | 1 | 6 | 5 |
| 9 | 8 | 1 | 5 | 2 | 3 | 6 | 7 | 4 |
| 6 | 3 | 2 | 4 | 9 | 7 | 5 | 1 | 8 |
| 5 | 4 | 7 | 1 | 6 | 8 | 3 | 2 | 9 |

## #204

| 5 | 2 | 9 | 3 | 4 | 6 | 8 | 7 | 1 |
| 8 | 1 | 6 | 7 | 9 | 5 | 4 | 2 | 3 |
| 3 | 7 | 4 | 8 | 2 | 1 | 9 | 5 | 6 |
| 1 | 5 | 3 | 9 | 6 | 2 | 7 | 8 | 4 |
| 7 | 9 | 8 | 4 | 1 | 3 | 5 | 6 | 2 |
| 6 | 4 | 2 | 5 | 7 | 8 | 1 | 3 | 9 |
| 9 | 6 | 5 | 2 | 8 | 4 | 3 | 1 | 7 |
| 4 | 8 | 1 | 6 | 3 | 7 | 2 | 9 | 5 |
| 2 | 3 | 7 | 1 | 5 | 9 | 6 | 4 | 8 |

## #205

| 7 | 2 | 8 | 4 | 1 | 6 | 3 | 9 | 5 |
| 9 | 3 | 6 | 2 | 7 | 5 | 8 | 4 | 1 |
| 5 | 1 | 4 | 8 | 9 | 3 | 6 | 2 | 7 |
| 1 | 4 | 7 | 5 | 6 | 2 | 9 | 3 | 8 |
| 8 | 5 | 9 | 3 | 4 | 1 | 2 | 7 | 6 |
| 3 | 6 | 2 | 7 | 8 | 9 | 5 | 1 | 4 |
| 4 | 8 | 5 | 9 | 3 | 7 | 1 | 6 | 2 |
| 2 | 9 | 1 | 6 | 5 | 4 | 7 | 8 | 3 |
| 6 | 7 | 3 | 1 | 2 | 8 | 4 | 5 | 9 |

## #208

| 8 | 2 | 7 | 4 | 1 | 9 | 3 | 5 | 6 |
| 9 | 1 | 5 | 7 | 6 | 3 | 8 | 4 | 2 |
| 4 | 6 | 3 | 2 | 5 | 8 | 7 | 1 | 9 |
| 1 | 4 | 9 | 3 | 7 | 5 | 2 | 6 | 8 |
| 6 | 7 | 2 | 8 | 4 | 1 | 5 | 9 | 3 |
| 5 | 3 | 8 | 6 | 9 | 2 | 4 | 7 | 1 |
| 2 | 5 | 4 | 9 | 8 | 6 | 1 | 3 | 7 |
| 7 | 8 | 6 | 1 | 3 | 4 | 9 | 2 | 5 |
| 3 | 9 | 1 | 5 | 2 | 7 | 6 | 8 | 4 |

## #206

| 6 | 9 | 7 | 8 | 3 | 5 | 4 | 2 | 1 |
| 3 | 4 | 1 | 2 | 9 | 6 | 8 | 7 | 5 |
| 2 | 5 | 8 | 4 | 1 | 7 | 3 | 9 | 6 |
| 4 | 6 | 9 | 5 | 8 | 3 | 7 | 1 | 2 |
| 1 | 8 | 2 | 9 | 7 | 4 | 6 | 5 | 3 |
| 5 | 7 | 3 | 6 | 2 | 1 | 9 | 4 | 8 |
| 9 | 1 | 5 | 3 | 4 | 8 | 2 | 6 | 7 |
| 8 | 2 | 6 | 7 | 5 | 9 | 1 | 3 | 4 |
| 7 | 3 | 4 | 1 | 6 | 2 | 5 | 8 | 9 |

## #209

| 9 | 3 | 2 | 1 | 8 | 4 | 7 | 5 | 6 |
| 7 | 8 | 5 | 3 | 2 | 6 | 4 | 1 | 9 |
| 4 | 1 | 6 | 5 | 7 | 9 | 3 | 8 | 2 |
| 2 | 9 | 3 | 4 | 5 | 1 | 6 | 7 | 8 |
| 8 | 7 | 1 | 9 | 6 | 2 | 5 | 3 | 4 |
| 6 | 5 | 4 | 8 | 3 | 7 | 9 | 2 | 1 |
| 5 | 4 | 7 | 6 | 1 | 8 | 2 | 9 | 3 |
| 1 | 2 | 9 | 7 | 4 | 3 | 8 | 6 | 5 |
| 3 | 6 | 8 | 2 | 9 | 5 | 1 | 4 | 7 |

## #207

| 1 | 3 | 8 | 9 | 5 | 4 | 2 | 6 | 7 |
| 5 | 6 | 4 | 3 | 2 | 7 | 9 | 1 | 8 |
| 9 | 2 | 7 | 6 | 1 | 8 | 4 | 3 | 5 |
| 7 | 9 | 2 | 5 | 3 | 1 | 8 | 4 | 6 |
| 4 | 5 | 1 | 7 | 8 | 6 | 3 | 9 | 2 |
| 6 | 8 | 3 | 4 | 9 | 2 | 5 | 7 | 1 |
| 3 | 4 | 6 | 8 | 7 | 5 | 1 | 2 | 9 |
| 2 | 7 | 5 | 1 | 4 | 9 | 6 | 8 | 3 |
| 8 | 1 | 9 | 2 | 6 | 3 | 7 | 5 | 4 |

## #210

| 8 | 1 | 9 | 3 | 5 | 4 | 6 | 7 | 2 |
| 2 | 7 | 6 | 9 | 8 | 1 | 4 | 5 | 3 |
| 4 | 3 | 5 | 2 | 6 | 7 | 1 | 8 | 9 |
| 5 | 4 | 2 | 6 | 9 | 3 | 7 | 1 | 8 |
| 3 | 8 | 1 | 5 | 7 | 2 | 9 | 6 | 4 |
| 6 | 9 | 7 | 1 | 4 | 8 | 3 | 2 | 5 |
| 7 | 5 | 8 | 4 | 1 | 9 | 2 | 3 | 6 |
| 9 | 6 | 3 | 7 | 2 | 5 | 8 | 4 | 1 |
| 1 | 2 | 4 | 8 | 3 | 6 | 5 | 9 | 7 |

## #211

| 9 | 8 | 3 | 1 | 2 | 7 | 4 | 6 | 5 |
|---|---|---|---|---|---|---|---|---|
| 5 | 4 | 1 | 3 | 9 | 6 | 2 | 8 | 7 |
| 7 | 6 | 2 | 5 | 4 | 8 | 3 | 9 | 1 |
| 2 | 3 | 5 | 4 | 8 | 1 | 6 | 7 | 9 |
| 8 | 9 | 6 | 2 | 7 | 5 | 1 | 3 | 4 |
| 4 | 1 | 7 | 6 | 3 | 9 | 8 | 5 | 2 |
| 3 | 5 | 4 | 9 | 6 | 2 | 7 | 1 | 8 |
| 1 | 2 | 8 | 7 | 5 | 3 | 9 | 4 | 6 |
| 6 | 7 | 9 | 8 | 1 | 4 | 5 | 2 | 3 |

## #214

| 3 | 1 | 6 | 8 | 7 | 5 | 9 | 4 | 2 |
|---|---|---|---|---|---|---|---|---|
| 4 | 8 | 9 | 2 | 3 | 6 | 1 | 5 | 7 |
| 5 | 2 | 7 | 4 | 9 | 1 | 6 | 3 | 8 |
| 6 | 3 | 8 | 9 | 2 | 4 | 7 | 1 | 5 |
| 9 | 5 | 2 | 6 | 1 | 7 | 4 | 8 | 3 |
| 1 | 7 | 4 | 3 | 5 | 8 | 2 | 6 | 9 |
| 8 | 6 | 3 | 7 | 4 | 9 | 5 | 2 | 1 |
| 2 | 9 | 5 | 1 | 6 | 3 | 8 | 7 | 4 |
| 7 | 4 | 1 | 5 | 8 | 2 | 3 | 9 | 6 |

## #212

| 3 | 9 | 4 | 8 | 6 | 5 | 1 | 7 | 2 |
|---|---|---|---|---|---|---|---|---|
| 5 | 7 | 6 | 4 | 1 | 2 | 3 | 9 | 8 |
| 1 | 2 | 8 | 9 | 3 | 7 | 4 | 5 | 6 |
| 2 | 6 | 9 | 3 | 4 | 1 | 5 | 8 | 7 |
| 8 | 3 | 7 | 6 | 5 | 9 | 2 | 4 | 1 |
| 4 | 5 | 1 | 7 | 2 | 8 | 6 | 3 | 9 |
| 7 | 4 | 2 | 5 | 9 | 6 | 8 | 1 | 3 |
| 6 | 8 | 3 | 1 | 7 | 4 | 9 | 2 | 5 |
| 9 | 1 | 5 | 2 | 8 | 3 | 7 | 6 | 4 |

## #215

| 7 | 1 | 2 | 9 | 5 | 4 | 8 | 3 | 6 |
|---|---|---|---|---|---|---|---|---|
| 3 | 4 | 8 | 6 | 7 | 2 | 9 | 5 | 1 |
| 9 | 6 | 5 | 8 | 3 | 1 | 7 | 4 | 2 |
| 5 | 3 | 6 | 1 | 8 | 9 | 2 | 7 | 4 |
| 4 | 2 | 1 | 5 | 6 | 7 | 3 | 9 | 8 |
| 8 | 7 | 9 | 4 | 2 | 3 | 6 | 1 | 5 |
| 1 | 5 | 7 | 2 | 9 | 8 | 4 | 6 | 3 |
| 2 | 9 | 4 | 3 | 1 | 6 | 5 | 8 | 7 |
| 6 | 8 | 3 | 7 | 4 | 5 | 1 | 2 | 9 |

## #213

| 8 | 5 | 7 | 3 | 2 | 9 | 1 | 6 | 4 |
|---|---|---|---|---|---|---|---|---|
| 6 | 2 | 1 | 4 | 8 | 7 | 9 | 3 | 5 |
| 3 | 4 | 9 | 5 | 6 | 1 | 7 | 2 | 8 |
| 1 | 3 | 4 | 9 | 7 | 5 | 6 | 8 | 2 |
| 2 | 9 | 8 | 6 | 4 | 3 | 5 | 7 | 1 |
| 5 | 7 | 6 | 2 | 1 | 8 | 3 | 4 | 9 |
| 7 | 8 | 5 | 1 | 3 | 4 | 2 | 9 | 6 |
| 4 | 1 | 2 | 7 | 9 | 6 | 8 | 5 | 3 |
| 9 | 6 | 3 | 8 | 5 | 2 | 4 | 1 | 7 |

## #216

| 4 | 8 | 9 | 6 | 1 | 5 | 2 | 3 | 7 |
|---|---|---|---|---|---|---|---|---|
| 2 | 3 | 7 | 9 | 4 | 8 | 1 | 5 | 6 |
| 5 | 6 | 1 | 2 | 3 | 7 | 8 | 9 | 4 |
| 7 | 5 | 8 | 3 | 2 | 1 | 4 | 6 | 9 |
| 6 | 4 | 2 | 7 | 8 | 9 | 5 | 1 | 3 |
| 9 | 1 | 3 | 5 | 6 | 4 | 7 | 8 | 2 |
| 1 | 2 | 6 | 8 | 7 | 3 | 9 | 4 | 5 |
| 8 | 7 | 5 | 4 | 9 | 6 | 3 | 2 | 1 |
| 3 | 9 | 4 | 1 | 5 | 2 | 6 | 7 | 8 |

## #217

| 4 | 2 | 3 | 1 | 8 | 9 | 5 | 7 | 6 |
| 8 | 6 | 9 | 5 | 4 | 7 | 3 | 1 | 2 |
| 5 | 7 | 1 | 3 | 2 | 6 | 4 | 8 | 9 |
| 9 | 1 | 8 | 6 | 7 | 3 | 2 | 5 | 4 |
| 3 | 4 | 2 | 8 | 9 | 5 | 1 | 6 | 7 |
| 7 | 5 | 6 | 4 | 1 | 2 | 8 | 9 | 3 |
| 6 | 8 | 4 | 7 | 3 | 1 | 9 | 2 | 5 |
| 1 | 9 | 5 | 2 | 6 | 4 | 7 | 3 | 8 |
| 2 | 3 | 7 | 9 | 5 | 8 | 6 | 4 | 1 |

## #220

| 6 | 4 | 9 | 5 | 8 | 7 | 1 | 3 | 2 |
| 7 | 2 | 1 | 6 | 3 | 9 | 5 | 4 | 8 |
| 8 | 3 | 5 | 2 | 1 | 4 | 6 | 7 | 9 |
| 5 | 1 | 6 | 9 | 2 | 3 | 4 | 8 | 7 |
| 4 | 7 | 3 | 8 | 6 | 5 | 2 | 9 | 1 |
| 9 | 8 | 2 | 7 | 4 | 1 | 3 | 5 | 6 |
| 1 | 5 | 8 | 4 | 7 | 6 | 9 | 2 | 3 |
| 2 | 6 | 4 | 3 | 9 | 8 | 7 | 1 | 5 |
| 3 | 9 | 7 | 1 | 5 | 2 | 8 | 6 | 4 |

## #218

| 9 | 8 | 3 | 6 | 5 | 2 | 1 | 4 | 7 |
| 2 | 7 | 4 | 8 | 1 | 3 | 9 | 5 | 6 |
| 6 | 1 | 5 | 7 | 4 | 9 | 2 | 8 | 3 |
| 8 | 6 | 2 | 1 | 3 | 4 | 7 | 9 | 5 |
| 3 | 5 | 7 | 9 | 8 | 6 | 4 | 2 | 1 |
| 1 | 4 | 9 | 5 | 2 | 7 | 3 | 6 | 8 |
| 7 | 3 | 8 | 4 | 9 | 5 | 6 | 1 | 2 |
| 5 | 9 | 6 | 2 | 7 | 1 | 8 | 3 | 4 |
| 4 | 2 | 1 | 3 | 6 | 8 | 5 | 7 | 9 |

## #221

| 4 | 6 | 3 | 7 | 5 | 9 | 1 | 2 | 8 |
| 2 | 8 | 1 | 3 | 6 | 4 | 9 | 7 | 5 |
| 7 | 5 | 9 | 1 | 2 | 8 | 6 | 3 | 4 |
| 1 | 7 | 4 | 8 | 3 | 2 | 5 | 6 | 9 |
| 9 | 3 | 5 | 4 | 1 | 6 | 7 | 8 | 2 |
| 6 | 2 | 8 | 9 | 7 | 5 | 4 | 1 | 3 |
| 3 | 4 | 7 | 5 | 8 | 1 | 2 | 9 | 6 |
| 8 | 9 | 2 | 6 | 4 | 7 | 3 | 5 | 1 |
| 5 | 1 | 6 | 2 | 9 | 3 | 8 | 4 | 7 |

## #219

| 2 | 1 | 5 | 8 | 4 | 3 | 9 | 6 | 7 |
| 6 | 7 | 4 | 5 | 9 | 2 | 1 | 3 | 8 |
| 8 | 9 | 3 | 1 | 6 | 7 | 5 | 4 | 2 |
| 5 | 6 | 8 | 9 | 2 | 4 | 7 | 1 | 3 |
| 4 | 3 | 7 | 6 | 5 | 1 | 8 | 2 | 9 |
| 9 | 2 | 1 | 7 | 3 | 8 | 6 | 5 | 4 |
| 1 | 8 | 2 | 4 | 7 | 6 | 3 | 9 | 5 |
| 7 | 4 | 9 | 3 | 1 | 5 | 2 | 8 | 6 |
| 3 | 5 | 6 | 2 | 8 | 9 | 4 | 7 | 1 |

## #222

| 2 | 3 | 7 | 1 | 8 | 5 | 6 | 9 | 4 |
| 8 | 5 | 9 | 3 | 6 | 4 | 7 | 1 | 2 |
| 4 | 1 | 6 | 2 | 9 | 7 | 5 | 8 | 3 |
| 3 | 6 | 1 | 4 | 2 | 8 | 9 | 5 | 7 |
| 5 | 2 | 8 | 6 | 7 | 9 | 4 | 3 | 1 |
| 7 | 9 | 4 | 5 | 1 | 3 | 8 | 2 | 6 |
| 9 | 7 | 3 | 8 | 4 | 2 | 1 | 6 | 5 |
| 6 | 4 | 5 | 9 | 3 | 1 | 2 | 7 | 8 |
| 1 | 8 | 2 | 7 | 5 | 6 | 3 | 4 | 9 |

## #223

| 2 | 8 | 9 | 4 | 3 | 1 | 6 | 5 | 7 |
|---|---|---|---|---|---|---|---|---|
| 6 | 1 | 4 | 2 | 7 | 5 | 3 | 9 | 8 |
| 3 | 5 | 7 | 9 | 6 | 8 | 1 | 4 | 2 |
| 9 | 3 | 8 | 6 | 2 | 4 | 7 | 1 | 5 |
| 4 | 7 | 5 | 8 | 1 | 3 | 2 | 6 | 9 |
| 1 | 6 | 2 | 7 | 5 | 9 | 4 | 8 | 3 |
| 8 | 4 | 6 | 3 | 9 | 7 | 5 | 2 | 1 |
| 7 | 2 | 1 | 5 | 8 | 6 | 9 | 3 | 4 |
| 5 | 9 | 3 | 1 | 4 | 2 | 8 | 7 | 6 |

## #226

| 8 | 1 | 6 | 7 | 3 | 2 | 4 | 9 | 5 |
|---|---|---|---|---|---|---|---|---|
| 2 | 7 | 4 | 9 | 6 | 5 | 8 | 3 | 1 |
| 9 | 5 | 3 | 4 | 1 | 8 | 2 | 6 | 7 |
| 4 | 8 | 1 | 6 | 5 | 7 | 3 | 2 | 9 |
| 7 | 9 | 5 | 3 | 2 | 4 | 1 | 8 | 6 |
| 3 | 6 | 2 | 8 | 9 | 1 | 5 | 7 | 4 |
| 1 | 4 | 8 | 2 | 7 | 6 | 9 | 5 | 3 |
| 5 | 3 | 7 | 1 | 8 | 9 | 6 | 4 | 2 |
| 6 | 2 | 9 | 5 | 4 | 3 | 7 | 1 | 8 |

## #224

| 3 | 6 | 7 | 2 | 8 | 4 | 1 | 5 | 9 |
|---|---|---|---|---|---|---|---|---|
| 2 | 4 | 5 | 6 | 9 | 1 | 7 | 3 | 8 |
| 1 | 8 | 9 | 3 | 5 | 7 | 4 | 2 | 6 |
| 5 | 1 | 3 | 4 | 6 | 2 | 9 | 8 | 7 |
| 4 | 7 | 8 | 9 | 3 | 5 | 2 | 6 | 1 |
| 9 | 2 | 6 | 1 | 7 | 8 | 3 | 4 | 5 |
| 7 | 5 | 2 | 8 | 1 | 3 | 6 | 9 | 4 |
| 6 | 3 | 1 | 5 | 4 | 9 | 8 | 7 | 2 |
| 8 | 9 | 4 | 7 | 2 | 6 | 5 | 1 | 3 |

## #227

| 2 | 4 | 8 | 9 | 7 | 6 | 1 | 3 | 5 |
|---|---|---|---|---|---|---|---|---|
| 3 | 5 | 7 | 2 | 4 | 1 | 8 | 6 | 9 |
| 9 | 1 | 6 | 5 | 8 | 3 | 4 | 7 | 2 |
| 6 | 2 | 5 | 8 | 1 | 9 | 3 | 4 | 7 |
| 1 | 8 | 9 | 4 | 3 | 7 | 2 | 5 | 6 |
| 7 | 3 | 4 | 6 | 2 | 5 | 9 | 8 | 1 |
| 4 | 6 | 3 | 1 | 5 | 2 | 7 | 9 | 8 |
| 8 | 9 | 1 | 7 | 6 | 4 | 5 | 2 | 3 |
| 5 | 7 | 2 | 3 | 9 | 8 | 6 | 1 | 4 |

## #225

| 7 | 4 | 1 | 5 | 2 | 3 | 8 | 6 | 9 |
|---|---|---|---|---|---|---|---|---|
| 8 | 9 | 5 | 7 | 1 | 6 | 2 | 3 | 4 |
| 6 | 3 | 2 | 9 | 8 | 4 | 7 | 1 | 5 |
| 1 | 6 | 8 | 2 | 9 | 7 | 5 | 4 | 3 |
| 9 | 7 | 3 | 8 | 4 | 5 | 6 | 2 | 1 |
| 2 | 5 | 4 | 3 | 6 | 1 | 9 | 7 | 8 |
| 3 | 2 | 6 | 1 | 5 | 9 | 4 | 8 | 7 |
| 5 | 8 | 7 | 4 | 3 | 2 | 1 | 9 | 6 |
| 4 | 1 | 9 | 6 | 7 | 8 | 3 | 5 | 2 |

## #228

| 1 | 6 | 3 | 4 | 7 | 5 | 9 | 2 | 8 |
|---|---|---|---|---|---|---|---|---|
| 4 | 9 | 8 | 3 | 1 | 2 | 7 | 6 | 5 |
| 7 | 5 | 2 | 9 | 8 | 6 | 3 | 4 | 1 |
| 3 | 8 | 6 | 1 | 2 | 9 | 5 | 7 | 4 |
| 9 | 2 | 4 | 5 | 6 | 7 | 1 | 8 | 3 |
| 5 | 7 | 1 | 8 | 4 | 3 | 6 | 9 | 2 |
| 6 | 4 | 7 | 2 | 3 | 1 | 8 | 5 | 9 |
| 8 | 1 | 9 | 7 | 5 | 4 | 2 | 3 | 6 |
| 2 | 3 | 5 | 6 | 9 | 8 | 4 | 1 | 7 |

## #229

| 4 | 2 | 7 | 8 | 6 | 9 | 1 | 5 | 3 |
|---|---|---|---|---|---|---|---|---|
| 1 | 3 | 8 | 5 | 4 | 7 | 9 | 6 | 2 |
| 5 | 6 | 9 | 1 | 2 | 3 | 8 | 4 | 7 |
| 7 | 1 | 3 | 4 | 9 | 6 | 5 | 2 | 8 |
| 9 | 5 | 4 | 3 | 8 | 2 | 7 | 1 | 6 |
| 2 | 8 | 6 | 7 | 1 | 5 | 4 | 3 | 9 |
| 3 | 7 | 1 | 2 | 5 | 8 | 6 | 9 | 4 |
| 8 | 9 | 5 | 6 | 3 | 4 | 2 | 7 | 1 |
| 6 | 4 | 2 | 9 | 7 | 1 | 3 | 8 | 5 |

## #232

| 8 | 7 | 6 | 3 | 2 | 9 | 4 | 1 | 5 |
|---|---|---|---|---|---|---|---|---|
| 5 | 3 | 4 | 7 | 8 | 1 | 6 | 2 | 9 |
| 9 | 1 | 2 | 4 | 6 | 5 | 7 | 8 | 3 |
| 4 | 6 | 9 | 8 | 3 | 2 | 1 | 5 | 7 |
| 3 | 2 | 1 | 5 | 7 | 4 | 9 | 6 | 8 |
| 7 | 8 | 5 | 9 | 1 | 6 | 2 | 3 | 4 |
| 1 | 4 | 8 | 2 | 9 | 3 | 5 | 7 | 6 |
| 2 | 5 | 3 | 6 | 4 | 7 | 8 | 9 | 1 |
| 6 | 9 | 7 | 1 | 5 | 8 | 3 | 4 | 2 |

## #230

| 3 | 7 | 4 | 9 | 1 | 8 | 2 | 5 | 6 |
|---|---|---|---|---|---|---|---|---|
| 5 | 8 | 2 | 7 | 3 | 6 | 9 | 1 | 4 |
| 1 | 9 | 6 | 4 | 2 | 5 | 8 | 3 | 7 |
| 9 | 6 | 7 | 8 | 5 | 4 | 1 | 2 | 3 |
| 8 | 1 | 3 | 2 | 6 | 7 | 5 | 4 | 9 |
| 4 | 2 | 5 | 3 | 9 | 1 | 6 | 7 | 8 |
| 6 | 5 | 9 | 1 | 4 | 3 | 7 | 8 | 2 |
| 2 | 3 | 8 | 5 | 7 | 9 | 4 | 6 | 1 |
| 7 | 4 | 1 | 6 | 8 | 2 | 3 | 9 | 5 |

## #233

| 6 | 8 | 9 | 1 | 5 | 7 | 2 | 3 | 4 |
|---|---|---|---|---|---|---|---|---|
| 7 | 3 | 4 | 6 | 8 | 2 | 5 | 1 | 9 |
| 5 | 1 | 2 | 9 | 4 | 3 | 7 | 6 | 8 |
| 8 | 7 | 6 | 3 | 1 | 5 | 4 | 9 | 2 |
| 9 | 5 | 1 | 2 | 7 | 4 | 6 | 8 | 3 |
| 4 | 2 | 3 | 8 | 9 | 6 | 1 | 7 | 5 |
| 1 | 4 | 7 | 5 | 3 | 8 | 9 | 2 | 6 |
| 2 | 9 | 8 | 4 | 6 | 1 | 3 | 5 | 7 |
| 3 | 6 | 5 | 7 | 2 | 9 | 8 | 4 | 1 |

## #231

| 5 | 9 | 8 | 6 | 3 | 1 | 2 | 7 | 4 |
|---|---|---|---|---|---|---|---|---|
| 3 | 7 | 4 | 2 | 8 | 9 | 1 | 5 | 6 |
| 2 | 1 | 6 | 4 | 5 | 7 | 9 | 3 | 8 |
| 8 | 4 | 7 | 1 | 9 | 2 | 3 | 6 | 5 |
| 9 | 3 | 5 | 7 | 6 | 8 | 4 | 2 | 1 |
| 1 | 6 | 2 | 5 | 4 | 3 | 7 | 8 | 9 |
| 7 | 5 | 1 | 8 | 2 | 4 | 6 | 9 | 3 |
| 4 | 8 | 9 | 3 | 7 | 6 | 5 | 1 | 2 |
| 6 | 2 | 3 | 9 | 1 | 5 | 8 | 4 | 7 |

## #234

| 7 | 6 | 3 | 5 | 9 | 1 | 4 | 2 | 8 |
|---|---|---|---|---|---|---|---|---|
| 2 | 1 | 4 | 3 | 8 | 6 | 9 | 7 | 5 |
| 9 | 8 | 5 | 7 | 2 | 4 | 3 | 6 | 1 |
| 3 | 5 | 8 | 2 | 6 | 9 | 7 | 1 | 4 |
| 1 | 2 | 7 | 8 | 4 | 5 | 6 | 3 | 9 |
| 4 | 9 | 6 | 1 | 7 | 3 | 8 | 5 | 2 |
| 6 | 3 | 2 | 9 | 5 | 8 | 1 | 4 | 7 |
| 5 | 4 | 9 | 6 | 1 | 7 | 2 | 8 | 3 |
| 8 | 7 | 1 | 4 | 3 | 2 | 5 | 9 | 6 |

## #235

| 8 | 7 | 3 | 4 | 6 | 1 | 2 | 9 | 5 |
|---|---|---|---|---|---|---|---|---|
| 1 | 6 | 5 | 2 | 3 | 9 | 4 | 7 | 8 |
| 4 | 9 | 2 | 7 | 5 | 8 | 1 | 6 | 3 |
| 2 | 8 | 6 | 9 | 4 | 3 | 5 | 1 | 7 |
| 5 | 4 | 9 | 6 | 1 | 7 | 3 | 8 | 2 |
| 3 | 1 | 7 | 8 | 2 | 5 | 9 | 4 | 6 |
| 7 | 5 | 4 | 1 | 8 | 2 | 6 | 3 | 9 |
| 6 | 3 | 8 | 5 | 9 | 4 | 7 | 2 | 1 |
| 9 | 2 | 1 | 3 | 7 | 6 | 8 | 5 | 4 |

## #238

| 6 | 9 | 8 | 7 | 2 | 1 | 4 | 5 | 3 |
|---|---|---|---|---|---|---|---|---|
| 3 | 2 | 7 | 4 | 5 | 9 | 1 | 8 | 6 |
| 5 | 4 | 1 | 8 | 3 | 6 | 7 | 2 | 9 |
| 1 | 3 | 6 | 2 | 7 | 4 | 5 | 9 | 8 |
| 9 | 5 | 2 | 1 | 6 | 8 | 3 | 7 | 4 |
| 7 | 8 | 4 | 5 | 9 | 3 | 6 | 1 | 2 |
| 2 | 1 | 3 | 9 | 4 | 5 | 8 | 6 | 7 |
| 8 | 6 | 9 | 3 | 1 | 7 | 2 | 4 | 5 |
| 4 | 7 | 5 | 6 | 8 | 2 | 9 | 3 | 1 |

## #236

| 1 | 7 | 9 | 6 | 5 | 4 | 2 | 3 | 8 |
|---|---|---|---|---|---|---|---|---|
| 4 | 6 | 2 | 1 | 3 | 8 | 9 | 5 | 7 |
| 3 | 8 | 5 | 7 | 2 | 9 | 6 | 4 | 1 |
| 8 | 4 | 1 | 9 | 6 | 5 | 3 | 7 | 2 |
| 9 | 3 | 6 | 4 | 7 | 2 | 8 | 1 | 5 |
| 5 | 2 | 7 | 8 | 1 | 3 | 4 | 9 | 6 |
| 6 | 5 | 8 | 3 | 4 | 7 | 1 | 2 | 9 |
| 2 | 1 | 3 | 5 | 9 | 6 | 7 | 8 | 4 |
| 7 | 9 | 4 | 2 | 8 | 1 | 5 | 6 | 3 |

## #239

| 8 | 6 | 9 | 5 | 3 | 1 | 2 | 7 | 4 |
|---|---|---|---|---|---|---|---|---|
| 2 | 7 | 5 | 8 | 9 | 4 | 6 | 3 | 1 |
| 3 | 4 | 1 | 2 | 6 | 7 | 5 | 9 | 8 |
| 4 | 3 | 7 | 9 | 8 | 2 | 1 | 6 | 5 |
| 9 | 2 | 6 | 4 | 1 | 5 | 7 | 8 | 3 |
| 1 | 5 | 8 | 3 | 7 | 6 | 9 | 4 | 2 |
| 7 | 1 | 3 | 6 | 5 | 8 | 4 | 2 | 9 |
| 5 | 8 | 4 | 7 | 2 | 9 | 3 | 1 | 6 |
| 6 | 9 | 2 | 1 | 4 | 3 | 8 | 5 | 7 |

## #237

| 2 | 9 | 5 | 1 | 4 | 7 | 6 | 3 | 8 |
|---|---|---|---|---|---|---|---|---|
| 6 | 8 | 1 | 3 | 5 | 2 | 4 | 9 | 7 |
| 3 | 4 | 7 | 6 | 8 | 9 | 1 | 5 | 2 |
| 1 | 2 | 6 | 7 | 9 | 8 | 5 | 4 | 3 |
| 8 | 3 | 4 | 5 | 1 | 6 | 7 | 2 | 9 |
| 7 | 5 | 9 | 4 | 2 | 3 | 8 | 6 | 1 |
| 4 | 7 | 2 | 9 | 6 | 1 | 3 | 8 | 5 |
| 9 | 6 | 3 | 8 | 7 | 5 | 2 | 1 | 4 |
| 5 | 1 | 8 | 2 | 3 | 4 | 9 | 7 | 6 |

## #240

| 1 | 4 | 6 | 8 | 2 | 3 | 9 | 7 | 5 |
|---|---|---|---|---|---|---|---|---|
| 8 | 9 | 5 | 6 | 4 | 7 | 3 | 1 | 2 |
| 2 | 3 | 7 | 5 | 1 | 9 | 6 | 4 | 8 |
| 7 | 5 | 4 | 9 | 6 | 2 | 1 | 8 | 3 |
| 9 | 2 | 8 | 3 | 5 | 1 | 4 | 6 | 7 |
| 6 | 1 | 3 | 7 | 8 | 4 | 5 | 2 | 9 |
| 4 | 8 | 9 | 1 | 7 | 5 | 2 | 3 | 6 |
| 5 | 6 | 2 | 4 | 3 | 8 | 7 | 9 | 1 |
| 3 | 7 | 1 | 2 | 9 | 6 | 8 | 5 | 4 |

## #241

| 1 | 8 | 5 | 3 | 7 | 4 | 6 | 9 | 2 |
|---|---|---|---|---|---|---|---|---|
| 2 | 7 | 9 | 8 | 6 | 1 | 3 | 5 | 4 |
| 4 | 3 | 6 | 9 | 2 | 5 | 8 | 7 | 1 |
| 9 | 1 | 8 | 2 | 5 | 6 | 4 | 3 | 7 |
| 5 | 2 | 7 | 4 | 9 | 3 | 1 | 8 | 6 |
| 6 | 4 | 3 | 1 | 8 | 7 | 9 | 2 | 5 |
| 3 | 9 | 4 | 7 | 1 | 2 | 5 | 6 | 8 |
| 7 | 6 | 1 | 5 | 3 | 8 | 2 | 4 | 9 |
| 8 | 5 | 2 | 6 | 4 | 9 | 7 | 1 | 3 |

## #244

| 7 | 2 | 4 | 3 | 1 | 9 | 5 | 6 | 8 |
|---|---|---|---|---|---|---|---|---|
| 3 | 6 | 9 | 7 | 8 | 5 | 1 | 4 | 2 |
| 8 | 5 | 1 | 4 | 2 | 6 | 9 | 3 | 7 |
| 9 | 7 | 6 | 5 | 4 | 1 | 8 | 2 | 3 |
| 1 | 4 | 8 | 9 | 3 | 2 | 6 | 7 | 5 |
| 5 | 3 | 2 | 6 | 7 | 8 | 4 | 9 | 1 |
| 2 | 8 | 3 | 1 | 6 | 4 | 7 | 5 | 9 |
| 6 | 9 | 7 | 8 | 5 | 3 | 2 | 1 | 4 |
| 4 | 1 | 5 | 2 | 9 | 7 | 3 | 8 | 6 |

## #242

| 9 | 2 | 6 | 5 | 7 | 8 | 3 | 1 | 4 |
|---|---|---|---|---|---|---|---|---|
| 5 | 7 | 1 | 6 | 3 | 4 | 8 | 2 | 9 |
| 8 | 4 | 3 | 1 | 2 | 9 | 5 | 7 | 6 |
| 1 | 9 | 2 | 4 | 5 | 3 | 6 | 8 | 7 |
| 3 | 5 | 8 | 2 | 6 | 7 | 9 | 4 | 1 |
| 7 | 6 | 4 | 9 | 8 | 1 | 2 | 5 | 3 |
| 2 | 3 | 9 | 7 | 1 | 5 | 4 | 6 | 8 |
| 4 | 1 | 5 | 8 | 9 | 6 | 7 | 3 | 2 |
| 6 | 8 | 7 | 3 | 4 | 2 | 1 | 9 | 5 |

## #245

| 2 | 1 | 7 | 9 | 4 | 6 | 5 | 8 | 3 |
|---|---|---|---|---|---|---|---|---|
| 9 | 4 | 8 | 5 | 3 | 2 | 6 | 7 | 1 |
| 6 | 5 | 3 | 7 | 8 | 1 | 2 | 9 | 4 |
| 3 | 7 | 6 | 8 | 5 | 4 | 1 | 2 | 9 |
| 1 | 9 | 4 | 2 | 6 | 3 | 8 | 5 | 7 |
| 8 | 2 | 5 | 1 | 9 | 7 | 3 | 4 | 6 |
| 7 | 3 | 2 | 4 | 1 | 8 | 9 | 6 | 5 |
| 5 | 8 | 1 | 6 | 7 | 9 | 4 | 3 | 2 |
| 4 | 6 | 9 | 3 | 2 | 5 | 7 | 1 | 8 |

## #243

| 4 | 9 | 7 | 8 | 5 | 2 | 6 | 3 | 1 |
|---|---|---|---|---|---|---|---|---|
| 6 | 3 | 2 | 7 | 1 | 9 | 8 | 4 | 5 |
| 8 | 1 | 5 | 4 | 6 | 3 | 2 | 9 | 7 |
| 7 | 4 | 1 | 9 | 2 | 8 | 5 | 6 | 3 |
| 2 | 5 | 6 | 3 | 4 | 1 | 7 | 8 | 9 |
| 3 | 8 | 9 | 5 | 7 | 6 | 4 | 1 | 2 |
| 1 | 6 | 3 | 2 | 8 | 7 | 9 | 5 | 4 |
| 5 | 2 | 8 | 1 | 9 | 4 | 3 | 7 | 6 |
| 9 | 7 | 4 | 6 | 3 | 5 | 1 | 2 | 8 |

## #246

| 8 | 7 | 2 | 6 | 9 | 3 | 5 | 4 | 1 |
|---|---|---|---|---|---|---|---|---|
| 1 | 9 | 6 | 2 | 5 | 4 | 7 | 8 | 3 |
| 5 | 4 | 3 | 7 | 8 | 1 | 9 | 2 | 6 |
| 9 | 8 | 1 | 5 | 2 | 6 | 3 | 7 | 4 |
| 4 | 3 | 5 | 8 | 1 | 7 | 2 | 6 | 9 |
| 2 | 6 | 7 | 4 | 3 | 9 | 1 | 5 | 8 |
| 6 | 1 | 8 | 3 | 7 | 2 | 4 | 9 | 5 |
| 3 | 2 | 4 | 9 | 6 | 5 | 8 | 1 | 7 |
| 7 | 5 | 9 | 1 | 4 | 8 | 6 | 3 | 2 |

## #247

| 9 | 8 | 5 | 4 | 3 | 6 | 1 | 7 | 2 |
|---|---|---|---|---|---|---|---|---|
| 6 | 2 | 1 | 8 | 9 | 7 | 3 | 5 | 4 |
| 7 | 4 | 3 | 5 | 1 | 2 | 6 | 8 | 9 |
| 4 | 6 | 9 | 7 | 2 | 1 | 5 | 3 | 8 |
| 3 | 5 | 7 | 9 | 6 | 8 | 4 | 2 | 1 |
| 8 | 1 | 2 | 3 | 4 | 5 | 9 | 6 | 7 |
| 1 | 3 | 8 | 6 | 7 | 4 | 2 | 9 | 5 |
| 2 | 7 | 6 | 1 | 5 | 9 | 8 | 4 | 3 |
| 5 | 9 | 4 | 2 | 8 | 3 | 7 | 1 | 6 |

## #250

| 6 | 7 | 9 | 1 | 8 | 3 | 2 | 4 | 5 |
|---|---|---|---|---|---|---|---|---|
| 1 | 5 | 8 | 9 | 2 | 4 | 6 | 7 | 3 |
| 2 | 3 | 4 | 7 | 6 | 5 | 1 | 8 | 9 |
| 3 | 9 | 7 | 4 | 1 | 8 | 5 | 2 | 6 |
| 4 | 1 | 6 | 5 | 9 | 2 | 8 | 3 | 7 |
| 8 | 2 | 5 | 3 | 7 | 6 | 4 | 9 | 1 |
| 7 | 4 | 1 | 8 | 5 | 9 | 3 | 6 | 2 |
| 5 | 8 | 2 | 6 | 3 | 7 | 9 | 1 | 4 |
| 9 | 6 | 3 | 2 | 4 | 1 | 7 | 5 | 8 |

## #248

| 4 | 7 | 9 | 6 | 5 | 3 | 1 | 2 | 8 |
|---|---|---|---|---|---|---|---|---|
| 5 | 8 | 1 | 7 | 2 | 4 | 9 | 6 | 3 |
| 3 | 6 | 2 | 8 | 9 | 1 | 4 | 7 | 5 |
| 2 | 4 | 5 | 9 | 6 | 7 | 3 | 8 | 1 |
| 7 | 1 | 8 | 2 | 3 | 5 | 6 | 4 | 9 |
| 6 | 9 | 3 | 4 | 1 | 8 | 2 | 5 | 7 |
| 1 | 5 | 7 | 3 | 4 | 6 | 8 | 9 | 2 |
| 9 | 3 | 4 | 5 | 8 | 2 | 7 | 1 | 6 |
| 8 | 2 | 6 | 1 | 7 | 9 | 5 | 3 | 4 |

## #251

| 6 | 9 | 8 | 3 | 4 | 1 | 2 | 7 | 5 |
|---|---|---|---|---|---|---|---|---|
| 5 | 7 | 3 | 2 | 6 | 8 | 1 | 4 | 9 |
| 4 | 2 | 1 | 5 | 9 | 7 | 6 | 8 | 3 |
| 7 | 1 | 5 | 4 | 2 | 6 | 3 | 9 | 8 |
| 3 | 4 | 2 | 1 | 8 | 9 | 7 | 5 | 6 |
| 8 | 6 | 9 | 7 | 5 | 3 | 4 | 1 | 2 |
| 1 | 5 | 4 | 8 | 3 | 2 | 9 | 6 | 7 |
| 9 | 3 | 7 | 6 | 1 | 5 | 8 | 2 | 4 |
| 2 | 8 | 6 | 9 | 7 | 4 | 5 | 3 | 1 |

## #249

| 9 | 5 | 4 | 6 | 1 | 8 | 2 | 7 | 3 |
|---|---|---|---|---|---|---|---|---|
| 2 | 7 | 6 | 4 | 5 | 3 | 1 | 9 | 8 |
| 3 | 8 | 1 | 9 | 7 | 2 | 4 | 5 | 6 |
| 7 | 3 | 9 | 2 | 6 | 4 | 8 | 1 | 5 |
| 5 | 1 | 8 | 7 | 3 | 9 | 6 | 4 | 2 |
| 4 | 6 | 2 | 1 | 8 | 5 | 9 | 3 | 7 |
| 6 | 2 | 5 | 3 | 4 | 1 | 7 | 8 | 9 |
| 1 | 9 | 3 | 8 | 2 | 7 | 5 | 6 | 4 |
| 8 | 4 | 7 | 5 | 9 | 6 | 3 | 2 | 1 |

## #252

| 1 | 7 | 5 | 4 | 6 | 8 | 2 | 9 | 3 |
|---|---|---|---|---|---|---|---|---|
| 3 | 9 | 2 | 7 | 5 | 1 | 6 | 8 | 4 |
| 8 | 6 | 4 | 3 | 2 | 9 | 5 | 7 | 1 |
| 5 | 8 | 3 | 1 | 7 | 6 | 9 | 4 | 2 |
| 7 | 2 | 1 | 5 | 9 | 4 | 8 | 3 | 6 |
| 6 | 4 | 9 | 2 | 8 | 3 | 1 | 5 | 7 |
| 9 | 5 | 7 | 6 | 4 | 2 | 3 | 1 | 8 |
| 2 | 3 | 8 | 9 | 1 | 7 | 4 | 6 | 5 |
| 4 | 1 | 6 | 8 | 3 | 5 | 7 | 2 | 9 |

## #253

| 2 | 7 | 4 | 6 | 9 | 5 | 3 | 8 | 1 |
|---|---|---|---|---|---|---|---|---|
| 8 | 9 | 1 | 7 | 4 | 3 | 2 | 5 | 6 |
| 5 | 3 | 6 | 1 | 2 | 8 | 9 | 4 | 7 |
| 9 | 2 | 7 | 4 | 5 | 6 | 1 | 3 | 8 |
| 1 | 6 | 8 | 3 | 7 | 2 | 4 | 9 | 5 |
| 4 | 5 | 3 | 9 | 8 | 1 | 6 | 7 | 2 |
| 7 | 8 | 9 | 2 | 6 | 4 | 5 | 1 | 3 |
| 3 | 4 | 2 | 5 | 1 | 7 | 8 | 6 | 9 |
| 6 | 1 | 5 | 8 | 3 | 9 | 7 | 2 | 4 |

## #256

| 2 | 8 | 6 | 7 | 1 | 3 | 9 | 5 | 4 |
|---|---|---|---|---|---|---|---|---|
| 5 | 4 | 3 | 2 | 9 | 6 | 1 | 8 | 7 |
| 1 | 9 | 7 | 5 | 4 | 8 | 6 | 3 | 2 |
| 9 | 7 | 4 | 3 | 5 | 2 | 8 | 6 | 1 |
| 3 | 1 | 5 | 6 | 8 | 4 | 7 | 2 | 9 |
| 8 | 6 | 2 | 9 | 7 | 1 | 3 | 4 | 5 |
| 7 | 5 | 8 | 4 | 6 | 9 | 2 | 1 | 3 |
| 6 | 3 | 9 | 1 | 2 | 5 | 4 | 7 | 8 |
| 4 | 2 | 1 | 8 | 3 | 7 | 5 | 9 | 6 |

## #254

| 2 | 9 | 4 | 5 | 6 | 7 | 3 | 1 | 8 |
|---|---|---|---|---|---|---|---|---|
| 5 | 8 | 1 | 2 | 4 | 3 | 6 | 9 | 7 |
| 3 | 7 | 6 | 1 | 8 | 9 | 2 | 4 | 5 |
| 4 | 2 | 7 | 9 | 5 | 8 | 1 | 6 | 3 |
| 1 | 6 | 8 | 3 | 2 | 4 | 5 | 7 | 9 |
| 9 | 5 | 3 | 7 | 1 | 6 | 8 | 2 | 4 |
| 8 | 4 | 9 | 6 | 3 | 2 | 7 | 5 | 1 |
| 7 | 1 | 2 | 8 | 9 | 5 | 4 | 3 | 6 |
| 6 | 3 | 5 | 4 | 7 | 1 | 9 | 8 | 2 |

## #257

| 9 | 1 | 7 | 6 | 5 | 4 | 8 | 2 | 3 |
|---|---|---|---|---|---|---|---|---|
| 5 | 2 | 8 | 9 | 3 | 7 | 4 | 6 | 1 |
| 3 | 4 | 6 | 1 | 2 | 8 | 5 | 9 | 7 |
| 4 | 8 | 5 | 3 | 1 | 2 | 9 | 7 | 6 |
| 7 | 9 | 3 | 5 | 4 | 6 | 1 | 8 | 2 |
| 1 | 6 | 2 | 8 | 7 | 9 | 3 | 4 | 5 |
| 8 | 5 | 4 | 7 | 6 | 1 | 2 | 3 | 9 |
| 6 | 3 | 9 | 2 | 8 | 5 | 7 | 1 | 4 |
| 2 | 7 | 1 | 4 | 9 | 3 | 6 | 5 | 8 |

## #255

| 1 | 8 | 2 | 4 | 9 | 3 | 7 | 5 | 6 |
|---|---|---|---|---|---|---|---|---|
| 4 | 6 | 9 | 2 | 5 | 7 | 3 | 1 | 8 |
| 7 | 5 | 3 | 8 | 6 | 1 | 4 | 2 | 9 |
| 9 | 2 | 6 | 3 | 7 | 4 | 1 | 8 | 5 |
| 3 | 1 | 8 | 9 | 2 | 5 | 6 | 4 | 7 |
| 5 | 7 | 4 | 6 | 1 | 8 | 9 | 3 | 2 |
| 2 | 3 | 7 | 1 | 8 | 6 | 5 | 9 | 4 |
| 6 | 9 | 1 | 5 | 4 | 2 | 8 | 7 | 3 |
| 8 | 4 | 5 | 7 | 3 | 9 | 2 | 6 | 1 |

## #258

| 7 | 5 | 6 | 2 | 8 | 4 | 9 | 1 | 3 |
|---|---|---|---|---|---|---|---|---|
| 8 | 2 | 1 | 7 | 9 | 3 | 6 | 4 | 5 |
| 9 | 4 | 3 | 6 | 1 | 5 | 2 | 8 | 7 |
| 1 | 3 | 9 | 4 | 7 | 2 | 8 | 5 | 6 |
| 6 | 7 | 2 | 8 | 5 | 9 | 4 | 3 | 1 |
| 5 | 8 | 4 | 3 | 6 | 1 | 7 | 9 | 2 |
| 3 | 9 | 7 | 5 | 2 | 8 | 1 | 6 | 4 |
| 2 | 1 | 5 | 9 | 4 | 6 | 3 | 7 | 8 |
| 4 | 6 | 8 | 1 | 3 | 7 | 5 | 2 | 9 |

## #259

| 3 | 9 | 5 | 4 | 1 | 8 | 7 | 6 | 2 |
| 7 | 8 | 4 | 6 | 5 | 2 | 1 | 9 | 3 |
| 1 | 6 | 2 | 7 | 3 | 9 | 5 | 8 | 4 |
| 2 | 7 | 3 | 5 | 6 | 1 | 8 | 4 | 9 |
| 8 | 4 | 1 | 2 | 9 | 3 | 6 | 5 | 7 |
| 6 | 5 | 9 | 8 | 7 | 4 | 2 | 3 | 1 |
| 9 | 2 | 8 | 1 | 4 | 5 | 3 | 7 | 6 |
| 4 | 1 | 6 | 3 | 8 | 7 | 9 | 2 | 5 |
| 5 | 3 | 7 | 9 | 2 | 6 | 4 | 1 | 8 |

## #262

| 1 | 5 | 4 | 2 | 3 | 8 | 6 | 9 | 7 |
| 2 | 7 | 6 | 9 | 4 | 1 | 5 | 3 | 8 |
| 3 | 8 | 9 | 7 | 6 | 5 | 2 | 4 | 1 |
| 8 | 4 | 7 | 6 | 1 | 2 | 3 | 5 | 9 |
| 9 | 1 | 2 | 4 | 5 | 3 | 7 | 8 | 6 |
| 6 | 3 | 5 | 8 | 7 | 9 | 4 | 1 | 2 |
| 7 | 9 | 3 | 1 | 2 | 4 | 8 | 6 | 5 |
| 5 | 6 | 1 | 3 | 8 | 7 | 9 | 2 | 4 |
| 4 | 2 | 8 | 5 | 9 | 6 | 1 | 7 | 3 |

## #260

| 2 | 8 | 1 | 3 | 7 | 9 | 6 | 5 | 4 |
| 9 | 6 | 5 | 4 | 1 | 2 | 8 | 7 | 3 |
| 3 | 7 | 4 | 8 | 5 | 6 | 9 | 1 | 2 |
| 1 | 4 | 9 | 2 | 8 | 5 | 3 | 6 | 7 |
| 6 | 2 | 8 | 7 | 3 | 4 | 1 | 9 | 5 |
| 7 | 5 | 3 | 6 | 9 | 1 | 2 | 4 | 8 |
| 5 | 1 | 7 | 9 | 2 | 3 | 4 | 8 | 6 |
| 4 | 9 | 2 | 5 | 6 | 8 | 7 | 3 | 1 |
| 8 | 3 | 6 | 1 | 4 | 7 | 5 | 2 | 9 |

## #263

| 9 | 3 | 6 | 5 | 1 | 4 | 2 | 7 | 8 |
| 2 | 1 | 7 | 9 | 8 | 3 | 4 | 5 | 6 |
| 5 | 4 | 8 | 2 | 7 | 6 | 1 | 3 | 9 |
| 3 | 7 | 4 | 1 | 5 | 9 | 8 | 6 | 2 |
| 6 | 5 | 2 | 3 | 4 | 8 | 7 | 9 | 1 |
| 1 | 8 | 9 | 6 | 2 | 7 | 3 | 4 | 5 |
| 8 | 6 | 3 | 7 | 9 | 2 | 5 | 1 | 4 |
| 7 | 2 | 5 | 4 | 6 | 1 | 9 | 8 | 3 |
| 4 | 9 | 1 | 8 | 3 | 5 | 6 | 2 | 7 |

## #261

| 7 | 5 | 6 | 2 | 9 | 1 | 3 | 8 | 4 |
| 4 | 9 | 3 | 6 | 5 | 8 | 2 | 7 | 1 |
| 2 | 8 | 1 | 4 | 3 | 7 | 6 | 9 | 5 |
| 9 | 6 | 8 | 1 | 2 | 4 | 7 | 5 | 3 |
| 3 | 1 | 2 | 5 | 7 | 9 | 8 | 4 | 6 |
| 5 | 7 | 4 | 8 | 6 | 3 | 9 | 1 | 2 |
| 8 | 4 | 9 | 3 | 1 | 6 | 5 | 2 | 7 |
| 1 | 3 | 5 | 7 | 8 | 2 | 4 | 6 | 9 |
| 6 | 2 | 7 | 9 | 4 | 5 | 1 | 3 | 8 |

## #264

| 5 | 4 | 2 | 9 | 3 | 7 | 1 | 6 | 8 |
| 1 | 9 | 6 | 5 | 8 | 4 | 7 | 3 | 2 |
| 8 | 7 | 3 | 1 | 2 | 6 | 5 | 9 | 4 |
| 4 | 2 | 8 | 7 | 1 | 9 | 6 | 5 | 3 |
| 7 | 6 | 9 | 3 | 5 | 2 | 8 | 4 | 1 |
| 3 | 1 | 5 | 6 | 4 | 8 | 2 | 7 | 9 |
| 9 | 8 | 1 | 4 | 6 | 5 | 3 | 2 | 7 |
| 6 | 3 | 7 | 2 | 9 | 1 | 4 | 8 | 5 |
| 2 | 5 | 4 | 8 | 7 | 3 | 9 | 1 | 6 |

## #265

| 3 | 4 | 9 | 2 | 8 | 1 | 7 | 5 | 6 |
|---|---|---|---|---|---|---|---|---|
| 5 | 6 | 8 | 9 | 3 | 7 | 2 | 4 | 1 |
| 2 | 1 | 7 | 4 | 5 | 6 | 8 | 9 | 3 |
| 1 | 5 | 2 | 7 | 9 | 8 | 3 | 6 | 4 |
| 7 | 3 | 6 | 5 | 1 | 4 | 9 | 8 | 2 |
| 8 | 9 | 4 | 6 | 2 | 3 | 1 | 7 | 5 |
| 6 | 7 | 1 | 8 | 4 | 2 | 5 | 3 | 9 |
| 4 | 2 | 5 | 3 | 7 | 9 | 6 | 1 | 8 |
| 9 | 8 | 3 | 1 | 6 | 5 | 4 | 2 | 7 |

## #268

| 3 | 5 | 9 | 2 | 6 | 8 | 4 | 7 | 1 |
|---|---|---|---|---|---|---|---|---|
| 2 | 8 | 1 | 5 | 7 | 4 | 6 | 3 | 9 |
| 4 | 6 | 7 | 9 | 3 | 1 | 8 | 5 | 2 |
| 9 | 3 | 2 | 1 | 5 | 6 | 7 | 8 | 4 |
| 5 | 7 | 4 | 3 | 8 | 2 | 9 | 1 | 6 |
| 6 | 1 | 8 | 7 | 4 | 9 | 3 | 2 | 5 |
| 8 | 4 | 5 | 6 | 1 | 3 | 2 | 9 | 7 |
| 1 | 9 | 6 | 8 | 2 | 7 | 5 | 4 | 3 |
| 7 | 2 | 3 | 4 | 9 | 5 | 1 | 6 | 8 |

## #266

| 1 | 3 | 8 | 5 | 4 | 7 | 9 | 2 | 6 |
|---|---|---|---|---|---|---|---|---|
| 9 | 6 | 5 | 2 | 3 | 8 | 7 | 4 | 1 |
| 2 | 7 | 4 | 6 | 9 | 1 | 8 | 3 | 5 |
| 3 | 2 | 6 | 7 | 5 | 9 | 4 | 1 | 8 |
| 4 | 9 | 1 | 3 | 8 | 2 | 5 | 6 | 7 |
| 8 | 5 | 7 | 1 | 6 | 4 | 3 | 9 | 2 |
| 5 | 4 | 2 | 9 | 7 | 6 | 1 | 8 | 3 |
| 6 | 8 | 3 | 4 | 1 | 5 | 2 | 7 | 9 |
| 7 | 1 | 9 | 8 | 2 | 3 | 6 | 5 | 4 |

## #269

| 9 | 2 | 5 | 7 | 3 | 6 | 4 | 1 | 8 |
|---|---|---|---|---|---|---|---|---|
| 4 | 8 | 3 | 1 | 5 | 2 | 9 | 7 | 6 |
| 7 | 6 | 1 | 4 | 9 | 8 | 2 | 5 | 3 |
| 6 | 9 | 8 | 3 | 1 | 5 | 7 | 2 | 4 |
| 2 | 1 | 7 | 9 | 8 | 4 | 3 | 6 | 5 |
| 5 | 3 | 4 | 6 | 2 | 7 | 1 | 8 | 9 |
| 3 | 7 | 6 | 8 | 4 | 1 | 5 | 9 | 2 |
| 1 | 5 | 9 | 2 | 6 | 3 | 8 | 4 | 7 |
| 8 | 4 | 2 | 5 | 7 | 9 | 6 | 3 | 1 |

## #267

| 6 | 5 | 7 | 8 | 4 | 9 | 1 | 3 | 2 |
|---|---|---|---|---|---|---|---|---|
| 1 | 2 | 4 | 7 | 3 | 6 | 5 | 9 | 8 |
| 9 | 3 | 8 | 1 | 5 | 2 | 7 | 4 | 6 |
| 8 | 4 | 2 | 3 | 9 | 1 | 6 | 5 | 7 |
| 7 | 9 | 1 | 6 | 8 | 5 | 3 | 2 | 4 |
| 3 | 6 | 5 | 2 | 7 | 4 | 8 | 1 | 9 |
| 4 | 8 | 6 | 9 | 1 | 3 | 2 | 7 | 5 |
| 5 | 7 | 3 | 4 | 2 | 8 | 9 | 6 | 1 |
| 2 | 1 | 9 | 5 | 6 | 7 | 4 | 8 | 3 |

## #270

| 8 | 5 | 6 | 4 | 1 | 3 | 7 | 2 | 9 |
|---|---|---|---|---|---|---|---|---|
| 1 | 4 | 7 | 5 | 9 | 2 | 3 | 8 | 6 |
| 9 | 3 | 2 | 6 | 8 | 7 | 4 | 1 | 5 |
| 3 | 8 | 5 | 2 | 4 | 9 | 1 | 6 | 7 |
| 4 | 2 | 1 | 3 | 7 | 6 | 5 | 9 | 8 |
| 7 | 6 | 9 | 1 | 5 | 8 | 2 | 4 | 3 |
| 2 | 9 | 8 | 7 | 3 | 4 | 6 | 5 | 1 |
| 5 | 7 | 4 | 9 | 6 | 1 | 8 | 3 | 2 |
| 6 | 1 | 3 | 8 | 2 | 5 | 9 | 7 | 4 |

## #271

| 8 | 4 | 2 | 1 | 7 | 3 | 9 | 5 | 6 |
|---|---|---|---|---|---|---|---|---|
| 1 | 9 | 6 | 8 | 5 | 4 | 3 | 2 | 7 |
| 5 | 3 | 7 | 2 | 9 | 6 | 4 | 1 | 8 |
| 9 | 2 | 4 | 5 | 8 | 7 | 1 | 6 | 3 |
| 6 | 7 | 5 | 4 | 3 | 1 | 2 | 8 | 9 |
| 3 | 8 | 1 | 9 | 6 | 2 | 5 | 7 | 4 |
| 2 | 5 | 8 | 7 | 4 | 9 | 6 | 3 | 1 |
| 7 | 6 | 9 | 3 | 1 | 5 | 8 | 4 | 2 |
| 4 | 1 | 3 | 6 | 2 | 8 | 7 | 9 | 5 |

## #274

| 5 | 6 | 9 | 1 | 8 | 3 | 4 | 7 | 2 |
|---|---|---|---|---|---|---|---|---|
| 8 | 4 | 2 | 7 | 5 | 9 | 6 | 1 | 3 |
| 7 | 1 | 3 | 4 | 6 | 2 | 5 | 9 | 8 |
| 2 | 8 | 1 | 9 | 3 | 6 | 7 | 4 | 5 |
| 4 | 5 | 7 | 8 | 2 | 1 | 9 | 3 | 6 |
| 3 | 9 | 6 | 5 | 7 | 4 | 2 | 8 | 1 |
| 9 | 7 | 8 | 2 | 1 | 5 | 3 | 6 | 4 |
| 6 | 2 | 4 | 3 | 9 | 8 | 1 | 5 | 7 |
| 1 | 3 | 5 | 6 | 4 | 7 | 8 | 2 | 9 |

## #272

| 1 | 2 | 6 | 5 | 3 | 4 | 9 | 8 | 7 |
|---|---|---|---|---|---|---|---|---|
| 9 | 4 | 8 | 6 | 7 | 1 | 2 | 3 | 5 |
| 7 | 3 | 5 | 2 | 9 | 8 | 1 | 4 | 6 |
| 2 | 6 | 1 | 3 | 8 | 9 | 7 | 5 | 4 |
| 3 | 9 | 7 | 1 | 4 | 5 | 8 | 6 | 2 |
| 5 | 8 | 4 | 7 | 6 | 2 | 3 | 1 | 9 |
| 4 | 7 | 3 | 9 | 1 | 6 | 5 | 2 | 8 |
| 8 | 5 | 9 | 4 | 2 | 3 | 6 | 7 | 1 |
| 6 | 1 | 2 | 8 | 5 | 7 | 4 | 9 | 3 |

## #275

| 2 | 3 | 5 | 7 | 8 | 9 | 6 | 4 | 1 |
|---|---|---|---|---|---|---|---|---|
| 4 | 9 | 1 | 5 | 2 | 6 | 7 | 3 | 8 |
| 8 | 7 | 6 | 1 | 4 | 3 | 9 | 5 | 2 |
| 6 | 8 | 3 | 9 | 5 | 4 | 2 | 1 | 7 |
| 5 | 2 | 9 | 8 | 7 | 1 | 4 | 6 | 3 |
| 7 | 1 | 4 | 6 | 3 | 2 | 5 | 8 | 9 |
| 3 | 6 | 8 | 4 | 9 | 7 | 1 | 2 | 5 |
| 1 | 5 | 7 | 2 | 6 | 8 | 3 | 9 | 4 |
| 9 | 4 | 2 | 3 | 1 | 5 | 8 | 7 | 6 |

## #273

| 6 | 4 | 3 | 7 | 8 | 5 | 2 | 1 | 9 |
|---|---|---|---|---|---|---|---|---|
| 1 | 7 | 8 | 3 | 2 | 9 | 6 | 5 | 4 |
| 9 | 2 | 5 | 1 | 6 | 4 | 8 | 3 | 7 |
| 2 | 8 | 1 | 9 | 5 | 6 | 4 | 7 | 3 |
| 3 | 6 | 9 | 8 | 4 | 7 | 5 | 2 | 1 |
| 7 | 5 | 4 | 2 | 3 | 1 | 9 | 6 | 8 |
| 8 | 1 | 7 | 5 | 9 | 2 | 3 | 4 | 6 |
| 4 | 3 | 2 | 6 | 1 | 8 | 7 | 9 | 5 |
| 5 | 9 | 6 | 4 | 7 | 3 | 1 | 8 | 2 |

## #276

| 9 | 7 | 6 | 4 | 2 | 3 | 1 | 8 | 5 |
|---|---|---|---|---|---|---|---|---|
| 4 | 1 | 2 | 5 | 9 | 8 | 3 | 7 | 6 |
| 5 | 3 | 8 | 7 | 6 | 1 | 4 | 9 | 2 |
| 6 | 8 | 9 | 2 | 5 | 4 | 7 | 1 | 3 |
| 1 | 2 | 5 | 9 | 3 | 7 | 6 | 4 | 8 |
| 7 | 4 | 3 | 8 | 1 | 6 | 5 | 2 | 9 |
| 2 | 5 | 4 | 3 | 7 | 9 | 8 | 6 | 1 |
| 8 | 9 | 1 | 6 | 4 | 5 | 2 | 3 | 7 |
| 3 | 6 | 7 | 1 | 8 | 2 | 9 | 5 | 4 |

## #277

| 8 | 5 | 7 | 9 | 4 | 2 | 6 | 1 | 3 |
|---|---|---|---|---|---|---|---|---|
| 9 | 2 | 3 | 5 | 6 | 1 | 8 | 4 | 7 |
| 6 | 1 | 4 | 7 | 8 | 3 | 5 | 9 | 2 |
| 3 | 8 | 1 | 2 | 5 | 6 | 9 | 7 | 4 |
| 5 | 9 | 6 | 3 | 7 | 4 | 1 | 2 | 8 |
| 7 | 4 | 2 | 1 | 9 | 8 | 3 | 6 | 5 |
| 1 | 7 | 8 | 6 | 2 | 5 | 4 | 3 | 9 |
| 2 | 3 | 5 | 4 | 1 | 9 | 7 | 8 | 6 |
| 4 | 6 | 9 | 8 | 3 | 7 | 2 | 5 | 1 |

## #280

| 1 | 8 | 9 | 7 | 2 | 4 | 3 | 6 | 5 |
|---|---|---|---|---|---|---|---|---|
| 5 | 4 | 3 | 8 | 6 | 1 | 9 | 7 | 2 |
| 6 | 2 | 7 | 9 | 3 | 5 | 4 | 1 | 8 |
| 9 | 3 | 1 | 6 | 4 | 8 | 5 | 2 | 7 |
| 2 | 5 | 8 | 3 | 7 | 9 | 6 | 4 | 1 |
| 7 | 6 | 4 | 1 | 5 | 2 | 8 | 9 | 3 |
| 8 | 1 | 5 | 4 | 9 | 7 | 2 | 3 | 6 |
| 4 | 7 | 6 | 2 | 8 | 3 | 1 | 5 | 9 |
| 3 | 9 | 2 | 5 | 1 | 6 | 7 | 8 | 4 |

## #278

| 8 | 7 | 6 | 9 | 3 | 4 | 1 | 2 | 5 |
|---|---|---|---|---|---|---|---|---|
| 2 | 4 | 1 | 8 | 5 | 6 | 3 | 7 | 9 |
| 9 | 5 | 3 | 7 | 2 | 1 | 4 | 6 | 8 |
| 4 | 6 | 2 | 1 | 7 | 9 | 5 | 8 | 3 |
| 5 | 8 | 9 | 4 | 6 | 3 | 7 | 1 | 2 |
| 3 | 1 | 7 | 5 | 8 | 2 | 6 | 9 | 4 |
| 1 | 3 | 4 | 6 | 9 | 8 | 2 | 5 | 7 |
| 7 | 2 | 8 | 3 | 1 | 5 | 9 | 4 | 6 |
| 6 | 9 | 5 | 2 | 4 | 7 | 8 | 3 | 1 |

## #281

| 7 | 5 | 6 | 4 | 9 | 2 | 3 | 8 | 1 |
|---|---|---|---|---|---|---|---|---|
| 8 | 1 | 2 | 6 | 3 | 5 | 7 | 9 | 4 |
| 9 | 3 | 4 | 7 | 8 | 1 | 6 | 5 | 2 |
| 1 | 8 | 3 | 9 | 2 | 7 | 5 | 4 | 6 |
| 2 | 4 | 5 | 3 | 6 | 8 | 1 | 7 | 9 |
| 6 | 9 | 7 | 1 | 5 | 4 | 8 | 2 | 3 |
| 3 | 7 | 1 | 8 | 4 | 9 | 2 | 6 | 5 |
| 4 | 2 | 8 | 5 | 1 | 6 | 9 | 3 | 7 |
| 5 | 6 | 9 | 2 | 7 | 3 | 4 | 1 | 8 |

## #279

| 6 | 2 | 5 | 7 | 4 | 9 | 1 | 3 | 8 |
|---|---|---|---|---|---|---|---|---|
| 3 | 7 | 1 | 6 | 2 | 8 | 9 | 5 | 4 |
| 8 | 4 | 9 | 5 | 3 | 1 | 6 | 2 | 7 |
| 4 | 8 | 7 | 3 | 1 | 5 | 2 | 6 | 9 |
| 5 | 3 | 2 | 8 | 9 | 6 | 4 | 7 | 1 |
| 1 | 9 | 6 | 2 | 7 | 4 | 5 | 8 | 3 |
| 9 | 5 | 8 | 1 | 6 | 3 | 7 | 4 | 2 |
| 7 | 6 | 4 | 9 | 8 | 2 | 3 | 1 | 5 |
| 2 | 1 | 3 | 4 | 5 | 7 | 8 | 9 | 6 |

## #282

| 8 | 3 | 2 | 6 | 7 | 4 | 5 | 1 | 9 |
|---|---|---|---|---|---|---|---|---|
| 6 | 7 | 5 | 1 | 9 | 3 | 2 | 8 | 4 |
| 9 | 4 | 1 | 8 | 5 | 2 | 3 | 7 | 6 |
| 4 | 8 | 9 | 2 | 3 | 7 | 6 | 5 | 1 |
| 3 | 1 | 7 | 4 | 6 | 5 | 9 | 2 | 8 |
| 5 | 2 | 6 | 9 | 8 | 1 | 7 | 4 | 3 |
| 1 | 9 | 8 | 5 | 2 | 6 | 4 | 3 | 7 |
| 2 | 6 | 3 | 7 | 4 | 8 | 1 | 9 | 5 |
| 7 | 5 | 4 | 3 | 1 | 9 | 8 | 6 | 2 |

## #283

| 5 | 9 | 7 | 8 | 3 | 4 | 6 | 2 | 1 |
|---|---|---|---|---|---|---|---|---|
| 2 | 1 | 3 | 5 | 9 | 6 | 8 | 4 | 7 |
| 8 | 4 | 6 | 7 | 2 | 1 | 3 | 5 | 9 |
| 9 | 2 | 1 | 6 | 7 | 8 | 5 | 3 | 4 |
| 3 | 8 | 4 | 1 | 5 | 2 | 7 | 9 | 6 |
| 7 | 6 | 5 | 9 | 4 | 3 | 2 | 1 | 8 |
| 6 | 7 | 2 | 4 | 1 | 5 | 9 | 8 | 3 |
| 1 | 3 | 9 | 2 | 8 | 7 | 4 | 6 | 5 |
| 4 | 5 | 8 | 3 | 6 | 9 | 1 | 7 | 2 |

## #286

| 7 | 2 | 5 | 3 | 4 | 8 | 9 | 6 | 1 |
|---|---|---|---|---|---|---|---|---|
| 1 | 6 | 8 | 2 | 7 | 9 | 3 | 5 | 4 |
| 3 | 4 | 9 | 6 | 5 | 1 | 8 | 2 | 7 |
| 2 | 8 | 4 | 9 | 3 | 5 | 7 | 1 | 6 |
| 5 | 1 | 3 | 7 | 2 | 6 | 4 | 9 | 8 |
| 9 | 7 | 6 | 1 | 8 | 4 | 2 | 3 | 5 |
| 6 | 3 | 1 | 4 | 9 | 7 | 5 | 8 | 2 |
| 4 | 5 | 2 | 8 | 6 | 3 | 1 | 7 | 9 |
| 8 | 9 | 7 | 5 | 1 | 2 | 6 | 4 | 3 |

## #284

| 2 | 1 | 5 | 9 | 3 | 7 | 4 | 8 | 6 |
|---|---|---|---|---|---|---|---|---|
| 4 | 8 | 6 | 5 | 2 | 1 | 7 | 9 | 3 |
| 3 | 7 | 9 | 6 | 8 | 4 | 2 | 1 | 5 |
| 5 | 6 | 2 | 4 | 9 | 8 | 1 | 3 | 7 |
| 8 | 4 | 7 | 2 | 1 | 3 | 6 | 5 | 9 |
| 9 | 3 | 1 | 7 | 6 | 5 | 8 | 2 | 4 |
| 1 | 2 | 4 | 3 | 7 | 9 | 5 | 6 | 8 |
| 7 | 9 | 8 | 1 | 5 | 6 | 3 | 4 | 2 |
| 6 | 5 | 3 | 8 | 4 | 2 | 9 | 7 | 1 |

## #287

| 8 | 7 | 9 | 2 | 4 | 5 | 1 | 6 | 3 |
|---|---|---|---|---|---|---|---|---|
| 5 | 6 | 4 | 1 | 8 | 3 | 7 | 9 | 2 |
| 2 | 1 | 3 | 6 | 7 | 9 | 8 | 4 | 5 |
| 4 | 5 | 2 | 9 | 1 | 7 | 3 | 8 | 6 |
| 6 | 3 | 7 | 5 | 2 | 8 | 9 | 1 | 4 |
| 9 | 8 | 1 | 4 | 3 | 6 | 2 | 5 | 7 |
| 3 | 2 | 5 | 8 | 6 | 1 | 4 | 7 | 9 |
| 1 | 4 | 6 | 7 | 9 | 2 | 5 | 3 | 8 |
| 7 | 9 | 8 | 3 | 5 | 4 | 6 | 2 | 1 |

## #285

| 6 | 8 | 2 | 9 | 4 | 5 | 7 | 3 | 1 |
|---|---|---|---|---|---|---|---|---|
| 5 | 3 | 9 | 8 | 7 | 1 | 2 | 6 | 4 |
| 4 | 1 | 7 | 6 | 3 | 2 | 9 | 8 | 5 |
| 2 | 9 | 4 | 5 | 6 | 3 | 1 | 7 | 8 |
| 8 | 5 | 3 | 4 | 1 | 7 | 6 | 2 | 9 |
| 1 | 7 | 6 | 2 | 9 | 8 | 5 | 4 | 3 |
| 9 | 2 | 1 | 3 | 8 | 6 | 4 | 5 | 7 |
| 3 | 4 | 5 | 7 | 2 | 9 | 8 | 1 | 6 |
| 7 | 6 | 8 | 1 | 5 | 4 | 3 | 9 | 2 |

## #288

| 6 | 8 | 7 | 2 | 1 | 9 | 4 | 3 | 5 |
|---|---|---|---|---|---|---|---|---|
| 5 | 4 | 2 | 6 | 3 | 7 | 8 | 9 | 1 |
| 3 | 1 | 9 | 8 | 5 | 4 | 2 | 7 | 6 |
| 9 | 6 | 4 | 7 | 2 | 5 | 1 | 8 | 3 |
| 7 | 5 | 3 | 4 | 8 | 1 | 6 | 2 | 9 |
| 8 | 2 | 1 | 3 | 9 | 6 | 5 | 4 | 7 |
| 4 | 9 | 8 | 1 | 6 | 3 | 7 | 5 | 2 |
| 1 | 7 | 5 | 9 | 4 | 2 | 3 | 6 | 8 |
| 2 | 3 | 6 | 5 | 7 | 8 | 9 | 1 | 4 |

## #289

| 7 | 5 | 4 | 8 | 3 | 1 | 9 | 2 | 6 |
|---|---|---|---|---|---|---|---|---|
| 8 | 9 | 1 | 2 | 7 | 6 | 5 | 4 | 3 |
| 2 | 6 | 3 | 5 | 9 | 4 | 1 | 8 | 7 |
| 6 | 4 | 7 | 3 | 5 | 9 | 8 | 1 | 2 |
| 1 | 2 | 8 | 4 | 6 | 7 | 3 | 5 | 9 |
| 5 | 3 | 9 | 1 | 8 | 2 | 6 | 7 | 4 |
| 4 | 8 | 5 | 6 | 2 | 3 | 7 | 9 | 1 |
| 9 | 1 | 6 | 7 | 4 | 5 | 2 | 3 | 8 |
| 3 | 7 | 2 | 9 | 1 | 8 | 4 | 6 | 5 |

## #292

| 1 | 2 | 4 | 7 | 6 | 8 | 5 | 3 | 9 |
|---|---|---|---|---|---|---|---|---|
| 7 | 3 | 9 | 4 | 2 | 5 | 1 | 8 | 6 |
| 6 | 8 | 5 | 9 | 1 | 3 | 7 | 2 | 4 |
| 8 | 6 | 3 | 1 | 7 | 9 | 4 | 5 | 2 |
| 9 | 4 | 2 | 5 | 8 | 6 | 3 | 1 | 7 |
| 5 | 1 | 7 | 3 | 4 | 2 | 6 | 9 | 8 |
| 3 | 9 | 8 | 6 | 5 | 4 | 2 | 7 | 1 |
| 2 | 7 | 6 | 8 | 3 | 1 | 9 | 4 | 5 |
| 4 | 5 | 1 | 2 | 9 | 7 | 8 | 6 | 3 |

## #290

| 9 | 6 | 1 | 5 | 2 | 7 | 3 | 8 | 4 |
|---|---|---|---|---|---|---|---|---|
| 2 | 5 | 3 | 4 | 9 | 8 | 6 | 7 | 1 |
| 4 | 8 | 7 | 6 | 3 | 1 | 2 | 5 | 9 |
| 6 | 3 | 9 | 8 | 7 | 2 | 1 | 4 | 5 |
| 8 | 2 | 5 | 1 | 6 | 4 | 7 | 9 | 3 |
| 7 | 1 | 4 | 3 | 5 | 9 | 8 | 6 | 2 |
| 3 | 9 | 8 | 2 | 4 | 6 | 5 | 1 | 7 |
| 1 | 7 | 2 | 9 | 8 | 5 | 4 | 3 | 6 |
| 5 | 4 | 6 | 7 | 1 | 3 | 9 | 2 | 8 |

## #293

| 6 | 7 | 3 | 2 | 8 | 4 | 5 | 1 | 9 |
|---|---|---|---|---|---|---|---|---|
| 2 | 5 | 4 | 6 | 1 | 9 | 3 | 7 | 8 |
| 1 | 8 | 9 | 7 | 3 | 5 | 2 | 6 | 4 |
| 3 | 2 | 8 | 9 | 6 | 1 | 7 | 4 | 5 |
| 4 | 1 | 7 | 5 | 2 | 3 | 9 | 8 | 6 |
| 5 | 9 | 6 | 4 | 7 | 8 | 1 | 3 | 2 |
| 9 | 4 | 1 | 3 | 5 | 6 | 8 | 2 | 7 |
| 8 | 6 | 2 | 1 | 9 | 7 | 4 | 5 | 3 |
| 7 | 3 | 5 | 8 | 4 | 2 | 6 | 9 | 1 |

## #291

| 2 | 3 | 5 | 1 | 8 | 7 | 9 | 6 | 4 |
|---|---|---|---|---|---|---|---|---|
| 1 | 6 | 8 | 3 | 4 | 9 | 7 | 2 | 5 |
| 4 | 9 | 7 | 2 | 5 | 6 | 8 | 1 | 3 |
| 9 | 1 | 4 | 6 | 3 | 8 | 2 | 5 | 7 |
| 7 | 8 | 2 | 5 | 1 | 4 | 6 | 3 | 9 |
| 6 | 5 | 3 | 9 | 7 | 2 | 4 | 8 | 1 |
| 8 | 7 | 1 | 4 | 2 | 5 | 3 | 9 | 6 |
| 5 | 2 | 9 | 7 | 6 | 3 | 1 | 4 | 8 |
| 3 | 4 | 6 | 8 | 9 | 1 | 5 | 7 | 2 |

## #294

| 4 | 6 | 1 | 5 | 7 | 3 | 8 | 9 | 2 |
|---|---|---|---|---|---|---|---|---|
| 2 | 9 | 3 | 4 | 1 | 8 | 6 | 7 | 5 |
| 5 | 8 | 7 | 2 | 9 | 6 | 4 | 3 | 1 |
| 6 | 7 | 8 | 1 | 4 | 5 | 3 | 2 | 9 |
| 9 | 5 | 4 | 8 | 3 | 2 | 1 | 6 | 7 |
| 3 | 1 | 2 | 7 | 6 | 9 | 5 | 4 | 8 |
| 7 | 3 | 6 | 9 | 8 | 1 | 2 | 5 | 4 |
| 8 | 2 | 9 | 3 | 5 | 4 | 7 | 1 | 6 |
| 1 | 4 | 5 | 6 | 2 | 7 | 9 | 8 | 3 |

## #295

| 8 | 7 | 5 | 6 | 2 | 9 | 4 | 1 | 3 |
| 1 | 4 | 2 | 8 | 5 | 3 | 9 | 7 | 6 |
| 9 | 6 | 3 | 1 | 4 | 7 | 5 | 8 | 2 |
| 4 | 9 | 6 | 2 | 7 | 1 | 8 | 3 | 5 |
| 5 | 3 | 1 | 4 | 9 | 8 | 6 | 2 | 7 |
| 7 | 2 | 8 | 5 | 3 | 6 | 1 | 9 | 4 |
| 3 | 1 | 4 | 7 | 8 | 5 | 2 | 6 | 9 |
| 2 | 8 | 9 | 3 | 6 | 4 | 7 | 5 | 1 |
| 6 | 5 | 7 | 9 | 1 | 2 | 3 | 4 | 8 |

## #298

| 5 | 1 | 9 | 3 | 4 | 6 | 2 | 7 | 8 |
| 8 | 7 | 3 | 1 | 9 | 2 | 4 | 5 | 6 |
| 6 | 2 | 4 | 8 | 5 | 7 | 1 | 9 | 3 |
| 7 | 4 | 2 | 9 | 3 | 1 | 6 | 8 | 5 |
| 9 | 5 | 1 | 2 | 6 | 8 | 3 | 4 | 7 |
| 3 | 8 | 6 | 5 | 7 | 4 | 9 | 2 | 1 |
| 2 | 9 | 5 | 6 | 8 | 3 | 7 | 1 | 4 |
| 1 | 6 | 7 | 4 | 2 | 5 | 8 | 3 | 9 |
| 4 | 3 | 8 | 7 | 1 | 9 | 5 | 6 | 2 |

## #296

| 7 | 9 | 6 | 2 | 4 | 8 | 3 | 5 | 1 |
| 2 | 8 | 3 | 5 | 6 | 1 | 4 | 7 | 9 |
| 4 | 5 | 1 | 7 | 9 | 3 | 8 | 2 | 6 |
| 1 | 2 | 7 | 4 | 3 | 9 | 5 | 6 | 8 |
| 6 | 4 | 9 | 8 | 7 | 5 | 1 | 3 | 2 |
| 8 | 3 | 5 | 6 | 1 | 2 | 7 | 9 | 4 |
| 5 | 6 | 8 | 1 | 2 | 7 | 9 | 4 | 3 |
| 9 | 1 | 4 | 3 | 5 | 6 | 2 | 8 | 7 |
| 3 | 7 | 2 | 9 | 8 | 4 | 6 | 1 | 5 |

## #299

| 7 | 9 | 5 | 3 | 1 | 8 | 2 | 6 | 4 |
| 6 | 8 | 4 | 9 | 2 | 7 | 5 | 1 | 3 |
| 1 | 3 | 2 | 5 | 4 | 6 | 9 | 8 | 7 |
| 3 | 2 | 1 | 4 | 7 | 9 | 6 | 5 | 8 |
| 4 | 6 | 8 | 2 | 5 | 3 | 1 | 7 | 9 |
| 5 | 7 | 9 | 6 | 8 | 1 | 3 | 4 | 2 |
| 2 | 4 | 6 | 7 | 3 | 5 | 8 | 9 | 1 |
| 8 | 5 | 3 | 1 | 9 | 4 | 7 | 2 | 6 |
| 9 | 1 | 7 | 8 | 6 | 2 | 4 | 3 | 5 |

## #297

| 8 | 6 | 5 | 9 | 4 | 7 | 1 | 3 | 2 |
| 9 | 2 | 3 | 5 | 6 | 1 | 8 | 4 | 7 |
| 7 | 4 | 1 | 2 | 3 | 8 | 6 | 5 | 9 |
| 4 | 5 | 7 | 8 | 2 | 9 | 3 | 1 | 6 |
| 1 | 3 | 6 | 7 | 5 | 4 | 2 | 9 | 8 |
| 2 | 9 | 8 | 6 | 1 | 3 | 4 | 7 | 5 |
| 3 | 7 | 2 | 1 | 8 | 5 | 9 | 6 | 4 |
| 6 | 1 | 9 | 4 | 7 | 2 | 5 | 8 | 3 |
| 5 | 8 | 4 | 3 | 9 | 6 | 7 | 2 | 1 |

## #300

| 4 | 1 | 6 | 7 | 9 | 3 | 5 | 2 | 8 |
| 7 | 2 | 5 | 1 | 4 | 8 | 6 | 3 | 9 |
| 3 | 9 | 8 | 5 | 2 | 6 | 1 | 7 | 4 |
| 5 | 3 | 9 | 4 | 7 | 1 | 8 | 6 | 2 |
| 6 | 7 | 1 | 3 | 8 | 2 | 9 | 4 | 5 |
| 2 | 8 | 4 | 6 | 5 | 9 | 7 | 1 | 3 |
| 8 | 6 | 2 | 9 | 1 | 4 | 3 | 5 | 7 |
| 1 | 4 | 7 | 8 | 3 | 5 | 2 | 9 | 6 |
| 9 | 5 | 3 | 2 | 6 | 7 | 4 | 8 | 1 |